はじめての
造形心理学
心理学、アートを訪ねる

荒川歩［編］

新曜社

目　次

装幀＝新曜社デザイン室

登場人物

アルトちゃん
　美大の油絵学科に通っている女の子。高校時代、シンリ君と同じ美術部のたった二人の部員の一人で、かつ絵を描いていた唯一の部員だった。

シンリ君
　総合大学の心理学科に通っている女の子。アルトちゃんと一緒にいるときの一人称は「僕」。高校では絵を描こうと思って美術部に入ったが、アルトちゃんの絵を見て挫折。しかし退部をアルトちゃんに引き止められ、美術部に置かれたパソコンを使うためだけに美術部にいた。

プロローグ —— 邂逅、告白、そして断絶

（久しぶりに、アルトちゃんがシンリ君をビデオ通話で呼び出す。）

　アルトちゃん　よ！　久しぶり。元気にしてる？
　シンリ君　久しぶり。元気だよ。美術部の引退以来だね？
　アルトちゃん　そうかも。で、どうよ心理学は？　もう美術館とか行ってないの？
　シンリ君　今は心理学に夢中さ。実験で科学的にビシバシ真実を明らかにしていくことができる。美術だって心理学で切り込んでいける気がする。最近また心理学の知見を参考にした美学も少し出てきているしね[注1]。
　（アルトちゃん、急に顔が曇る。）
　シンリ君　どうしたの？

アルトちゃん　いや、いったいどうしちゃったんだろうと思って…。絵を描きも見もしない心理学が美術の何を明らかにするのさ？　無邪気にあちこち土足で踏み込んでくるとこあるよね心理学って。美術や芸術を、測ったり言葉で説明して解明できるようなものだと思ってるわけ？　君がなにをしたいか知らないけど、心理学なんかに毒されちゃってさ。美術がどれだけ尊いか知ろうともしないのに、ちょっと美術の知識があるからって…穢らわしい。

シンリ君　（ちょっとむっとして）そんなことないよ。それは作家の驕りだね。

アルトちゃん　だって制作って、あまりにも個人的なんだもん。世界の、自分だけにとって「本当のこと」とどうにかしてつながるために自分を投げ出す行為のことなの。命がけなんだよ。

シンリ君　（しばらくうつむいているが、急に目を上げて落ち着いた口調で話しはじめる）ところでさ、アルトちゃんは、地動説派？それとも天動説派？　僕は天動説派、というか、あるレベルでは天動説派なんだけどね。だって、それが僕たちの身体で感じる体感だもの。頭だけでどうこう決めつけられたくない。たぶん昔の天動説派の人が地動説派の人と話したら、まさに今のアルトちゃんみたいな反応だったと思うんだよね。自分たちが、太陽の周りを回っている一つの惑星にたまたま存在しているにすぎないなんていうのは穢らわしい、世界を冒涜する、本質を見誤った考えだと思ったと思うんだ。

でもねでもね。地動説の考えを取り入れることで、世界の見え方が豊かになったことって少なくないと思うんだよ。それと同じじゃないかな。天動説だってある種の真実を表しているのだけれども、それはそれとして、地動説みたいに、それとはまったく別の見方があって、それで違う見え方が広がっていってもいいと思うんだよね。美術は自分が生きるなかで引っかかったことを、自分なりに制作のなかで形にし続ける。それは世界のバージョン（世界の見方：Goodman, 1978）を作ることであるし、新しいバージョンを作ることには意義がある。それと同じで、美術自身も、心理学のバージョン、社会学のバージョン、いろんなバージョンの世界があってもいいし、逆にアートのバージョンの心理学があってもいいと思うんだ。

アルトちゃん　…つまり、君はその、個人的な直感とは違う、心理学から見る世界は、美術や造形の取り組む世界と、同じ世界の別のバージョンなのだから、それを学ぶことで世界はもっと豊かになるはずだって言いたいのね。それを穢らわしいと言って拒絶してしまうのは…なるほど、

もったいないのかもしれない。でも、どうして心理学がアートに興味をもつ
の？　新しい世界の見方を知ることは大事だと言うけど、心理学は何をしたい
のさ？

　シンリ君　別に美術をどうこうすることが目的じゃないよ。心理学の目的は
人の心について理解を深めることなんだ。制作は作家にとって重要な営為で
しょ？　それなら、それについて深く理解することは心理学にとってとても大
切なことだと思うんだ。

　アルトちゃん　それは心理学側の都合なわけね。それはわかったけど、人が
何かを作るのは、分析されたり説明されたりするためじゃないし、心理学のや
り方を信用できないのは変わらない。

　シンリ君　なんでそんなに嫌いなのさ？

　アルトちゃん　なんて言えばいいのか …… 心理学はさ、自分の身体をないも
のと考えるでしょ。対象を自分の扱いやすい檻の中に入れて、世界や自分の身
体を根拠にしているはずのその対象の在りようを無視するじゃんか。

　シンリ君　……。

（シンリ君は考え込んでしまう。アルトちゃんが言いすぎたならフォローしよう
か迷っていると、シンリ君がゆっくりとしたトーンで口を開く。）

　シンリ君　たしかにそうかもしれない。心理学って、「できるだけ客観的に
測れるもので人の営為を見たら、人の心や行動はどう説明できるか」という考
えが思考の中心にあるのだと思う。これは、心理学の歴史も背景にあって、昔
の心理学は自分の身体感覚や経験をもとにしていたんだけど、それだと人は世
界を歪めて見てしまいがちで正確に見ることができてないので、それを乗り越
えるために研究対象と研究者を分けたし、「実験」、つまり系統的に操作してそ
の結果を測定することを一つの中心に据えたんだ。もちろん、対象化されるこ
とで失われるものは少なくないし、測定というのは、対象がどういうものか（た
とえば、重さなら秤で量るだろうし、長さなら物差しで測るといったように）
をある程度見定めないといけないし、測れるものしか対象にできないから、限
界があるのだけれど ……。それでも、役立つことはあると思うんだ。たとえば
心理学以外の測定を例にすれば、地形を測量して回って、そしてそれをもとに
再現すれば、一か所にとどまって生活していては気づかなかった地形の変化や
規則性に気づくことができたりする。それと同じように、「できるだけ客観的
に測れるもので人の営為を見たら、人の心や行動はどう説明できるか」という

観点で見ることで、制作にも関わる世界の一つのバージョンを見出すことができると思うんだ。

　アルトちゃん　あー、そうか。今の話でピンと来た。自分ではもち得なかった見方で世界が広がるって当たり前のことじゃないか。写真が登場したとき、美術は大きく変わったし、そこから素晴らしい作品がたくさん生まれたんだよね。人がそのままでは見えないような世界の見え方に気づくことで生まれてきた絵画は山ほどある。君が言う世界のバージョンが、そのまますぐ制作に結びつくわけではないだろうけど、人や自然の在りようの不思議さがもっている可能性についてのヒントもあるかもしれない。

　シンリ君　ありがとう。今度アルトちゃんの大学に行くから付き合ってよ。

　アルトちゃん　突然だなあ、まあ、いいよ。

【注】
[1] たとえば、精神物理学者のフェヒナー（G. T. Fechner）は、1860年に『精神物理学要綱』、1871年に『実験美学』を発表し、従来の美学の思弁的な方法ではなく、人が何に美しさを感じるかを数量的に計測する実験的な方法（「下からの美学」と呼んだ）によって明らかにしようとした。これは当時の美学者にも取り上げられた。また、フロイト（S. Freud）やユング（C. Jung）たちの力動心理学の考えは、シュールレアリスムを刺激し、多くの芸術理論に影響を与えた。このほか、デザインの分野でも、ギブソン（J. J. Gibson）に代表されるアフォーダンス理論がノーマン（D. A. Norman）の『誰のためのデザイン？』を通してデザイナーに刺激を与え、また、近年の人間中心デザインも、多くの心理学理論を参照している。近年の美術に関する実験哲学の代表的著作として下記がある。Cova, F. & Réhault, S. (Eds,). (2019). *Advances in experimental philosophy of Aesthetics*. London: Bloomsbury.

【引用文献】
Goodman, N. (1978) *Ways of worldmaking*. Indianapolis: Hackett Publishing Company.〔グッドマン，N／菅野盾樹（訳）(2008)『世界制作の方法』筑摩書房.〕

1章　ものを見るとはどういうことか
―― 世界は色づいてなんていない!?

（シンリ君がアルトちゃんの大学のアトリエに訪ねてくる。シンリ君がノックしてドアを開けた瞬間、ドアの隙間からネコがするりと部屋に入る。アルトちゃんは講評に向けて行っていた部屋の掃除の手を止める。）

アルトちゃん　よう、シンリ君！（急に猫なで声で）お、たぬ吉〜。

シンリ君　タヌキチって言うの？

アルトちゃん　知らない。私がそう呼んでるだけ。なんかとぼけた面してるから。

（「たぬ吉」は、アルトちゃんの前で座り、アルトちゃんに撫でられながら、どこかをぼーっと見つめている。何かに見とれているように見える。）

シンリ君　いったい何を見ているんだろ。

アルトちゃん　この子は、私が見ているようには世界を見ていないんじゃないかな。

シンリ君　ネコから見た世界か … そういえば、前に貸した心理学の本、どうだった？

アルトちゃん　（アルトちゃんがシンリ君に本を返す）うーん。読んでみたんだけど、いろいろと違和感があるんだ。たとえば視覚の … 網膜の細胞がどうこうっていう話。理屈はわかるんだけど、感じるのと違う。私が世界――たとえば今たぬ吉を見たり触れたりして毛色が鈍いとかこの部分がどう柔らかいとか、この生きものの異質さなんかを感じとってるのはさ、あの本に書いてあったような、まわりの世界から一方的に情報を取り出して頭の中で再構成するようにしてではなくて、こうして身体を突き合わせているたぬ吉、として実現されている世界をお互いの身体の中で受け止めるようにしてなんだ。絵を描くときだって同じ。

シンリ君　なるほど。たしかに、制作するときには、作家自身にとっての現実性が重要なんだと思う。ゲーテの考え方に近いね（森岡，2002参

照）。それに対して今の生物学や心理学はものごとを下位要素に還元して実証的なレベルで見る。

　アルトちゃん　そうそう、生物学や心理学の見方は、体験の根っこを伴っていない気がする。

　シンリ君　そうかもしれない。人間の身体や意識は一つのリアリティを本質として選択するし、それが選択されたということはとてもすごいことなんだけど、そのリアリティを感じるのにも、生物学的基盤があって、その生物学的基盤が心理的なメカニズムを生み出して、それが奇跡的につながって作家の本質の直感的理解を構築しているんだと思う。アルトちゃんの話を聞くと、もしかしたら作家も心理学者も同じテーマを扱っているんだけど、作家は個人的なリアリティでアプローチし、心理学は実証主義的にアプローチしようとしているのかもしれない。実証主義は、理解だけではなくて予測と制御可能であることを重視するから、個人的なリアリティの豊かさを再現することはできないんだけど・・・。作家にとって迫り来ると感じられる現象が、どういう裏のメカニズムによって実現されているかを知るために、この生物学的基盤を通した心理学的メカニズムも理解する価値があると思うんだよ。

天の声

　ヒトの活動は知覚に基づいている。特に造形の分野において、知覚とは、作品を制作したり鑑賞したりすることの土台であり、足がかりである。それはもちろん作家の身体を通して感じられたものであるのだから、どのようなものであってもかまわない。しかし、その「身体を通して感じられるもの」はどのようにして作られるのだろうか。

　（シンリ君、トツゼン説明モードに入る。）

1　ヒトの色覚は、どのような環境に適応して作られてきたか

　そもそも動物は、環境におおむね適応するようにできている（適応できなければ生き残れない）。正確に言えば、ヒトの場合には100万年〜1万年前の環境におおむね適応できた者の属性が今を生きる私たちの中にも残っていると言

われている。だから現在の私たちの視覚は、1万年以上前にヒトの祖先が暮らしていた環境に合わせてチューニングされているということができる。

　たとえば、ヒトには世界に色があるように感じられるが、この色の見え方もヒトが環境に適応してきた結果として獲得されたヒト独特の世界の知覚の仕方と言える。図1-1は（**アルトちゃん**「図1-1って何!? それどこ！」）ヒトの網膜に存在する3種の錐体細胞（ある特定の光の周波数に反応して神経情報に変換する細胞）とアゲハチョウがもつ細胞がそれぞれの周波数の光にどの程度反応するかを示したものだ。これを見ても、アゲハチョウがある程度まんべんなくさまざまな光に反応するように分布させているのに対して、ヒトは、550nm周辺に偏っているように見える。

　ヒトの祖先はこのように偏った色覚をもつことで、その当時の環境に適応したのだが、このような適応は一瞬で起こったことではない。少しその歴史を紐解いてみよう。実は、我らが哺乳類の祖先も、大昔は幅広い周波数にまんべんなく反応する4種類の錐体細胞をもっていたと考えられている。しかしそれは恐竜の出現によって転機を迎えることになる。そのころヒトの祖先はまだ小さくて弱い哺乳類の一種だったから、恐竜の目の光る昼間に活動していては生存できず、主に夜間に活動するようになっていった。夜の世界というのは、光の強さに限りがあるから、モノの色（モノが反射する光の周波数）を見分けるのは困難で、4種類もの錐体細胞をもっていても、生存しやすさに変わりはなかった。そのため、夜に活動する時代が長く続くうちに、ヒトの祖先は2種類の錐体細胞を失ってしまったらしい。

　でもそれは、色の感覚を失ったということを意味するわけではない。錐体細

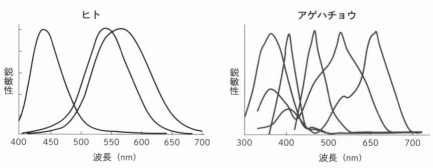

図1-1　ヒトとアゲハチョウの光受容細胞の周波数ごとの反応性
（アゲハチョウの光受容細胞の反応は蟻川, 2001をもとに作成）

胞が2種類であっても、ちょうど「熱湯」と「冷水」の二つを混ぜて温度調整する水道の蛇口のように、2種類の錐体細胞の反応の比率から、鋭敏ではないにせよ色の違いを見分けることはできたと考えられている。

　その後恐竜が滅んで霊長類の祖先を含む哺乳類が昼間の時間に活動できるようになっても、彼らは黄緑色付近の周波数の光に最も反応する錐体細胞と、青色付近の周波数の光に最も反応する錐体細胞の2種類で色を見分けて暮らしていた。しかしここで再び変化が起こる。およそ3000万年前に、その霊長類のなかから、3種類の錐体細胞（558nm（赤色）と531nm（緑色）と419nm（青色））をもつ者が現れて、その者たちが多数派になっていったのである。この新しい者たちは、2つの錐体細胞の反応のピークが近い周波数帯の変化に鋭敏であり、赤色と緑色の間では、たった約1nm変わっただけで色が違うと感じた。

　これは、当時の生活環境で非常に有利に働いたと考えられる。第1に、従来の2種類の錐体細胞の者たちに比べて、食糧である果実に多い赤色を葉っぱに多い緑色のなかから鋭敏に見つけることができた（果実説）。第2に、他の個体の体調や感情の変化を鋭敏に捉えることができた（社会的シグナル説。Changizi et al., 2006）。事実私たちは他人の顔を見て「顔色が蒼い」とか「顔が赤くなっている」とか言ったりするが、実際の顔色の周波数の違いはきわめて小さい。この部分のわずかな変化を鋭敏に感じとれたことが、他の個体のケアを行ったり、感情を読みとったりする能力をもたらし、結果的に種の生存に有利にはたらいたと考えられている。

　これまで、色の知覚が種の存続に影響した例を紹介してきたが、これも不思議なことである。そもそも私たちが色として感じる光の周波数の違いというのは、物質の表面の状態などによって反射された電磁波の周波数の違いにすぎない。しかし、物質によって反射される周波数が異なり、かつこれが比較的遠くにも届くことから、これを情報として利用することで動物は、手の届かない場所にある物質についてもそれが何であり、そしてそれがどのような状態にあるのかを把握することができる（聴覚や嗅覚と違って、この情報は障害物があるときにはほとんど意味がないが、物の位置や形状を特定するという点では抜群に優れている）。ただし、動物の種によって、外敵や獲物の特徴、そして棲んでいる環境や身体の形状や色は違うので、その種にとって必要な情報の種類や詳細さも当然異なる。その結果、それぞれの動物がどのような色を感じとるかをはじめとして、どのような視覚を形成するかも異なってきたと考えられる。

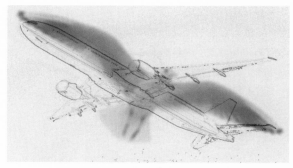

図1-2　空間周波数のイメージ

　ここでは色を例に出したが、種によって環境への適応の仕方が異なるのは色の感じ方だけではない。たとえばそれは、視覚がどれくらいの空間周波数に最適化されているのかにも現れる。空間周波数といってもイメージしにくいだろうから、図1-2を見てほしい。眼を細めてぼんやり見ると（低い空間周波数に注目）、これは鳥に見えるだろう。でも、細かい部分に注目する（高い空間周波数に注目）と、飛行機に見える。どの程度大局的に見るかで、同じものでも見え方が異なる。上空から小さな獲物を狙う鳥などは高い空間周波数に鋭敏であり、魚などは低い空間周波数に鋭敏であることが知られている。このように言うと細かいものまで見えるほうがいいと思うかもしれないが、一概にはそうとは言えない。細かい変化に注意が向けられていると大局的な変化に気づかないこともあるだろう。このようにそれぞれの種は置かれた環境において有利な視覚をもった者が生き残ってきたし、ヒトの知覚もその例外ではないと考えられている。

　　アルトちゃん　もっといろんな色が見えるってことなら面白‥‥
いや、便利そうなのにな。
　　シンリ君　これはコストとの兼ね合いが重要なんだ。ヒトもたとえば、頭の後ろや上にも眼がついていたり錐体細胞の種類がもっとたくさんあったら、もっと便利で生き残りやすかったと考えるかもしれないけど、そのために混乱しやすくなったり、その処理のために膨大なエネルギーが必要だったり、脳を倍にしなければならなかったりしたら、わりに合わなくなってしまう。それに進化というのは、全体を見据えて設計されるわけではなく、常に現在の状態

をもとにその一部が変わることで進む。後で話すけれど、人の眼は盲点を作らずに設計できたと考えられるのに、現に盲点が存在するように、進化はすでにもっているありあわせの素材で行われるために、後から見て不完全に思われても、その時点で相対的に有効であればその形質は維持され、その形質を前提に次の変化が起こるんだ。

2　ユクスキュルの環世界

　それぞれの種が、自分たちに必要な情報を強調して世界を見ているということは、100年以上前にユクスキュル（Jakob Johann Baron von Uexküll）という人によって指摘されていたことで（von Uexküll, 1909）、図1-3は、彼が環世界という言葉で表現した世界を図で表現したものだ。ミツバチなら、蜜を吸える花（特に、おいしい花かおいしくない花か）と、止まって羽を休めることはできても蜜を吸うことができない花や草木、また邪魔にはなるが害のない昆虫と、自分に害を及ぼす可能性のあるスズメバチなどとでは明確に違う反応を引き起こせるように、それらを区別しやすくする必要がある。たとえば、ミツバチは紫外線に反応する錐体細胞をもっている。これは、蜜を出す花のなかには、受粉を促進するために紫外線を発することでミツバチを誘導する花もあるからである。

　このように区別が重要な場合にはその区別が強調されることがあるが、逆にその種にとって重要ではないものについては、あまり区別できないと思われる。たとえば、人間にとってブランド物のバッグと100円均一のバッグを見分けることはとても重要だったとしても、ミツバチには関係ないだろう。

　結果的に、私たちヒトに知覚できるのは、表1-1に見るような限られた範囲の情報だけである。私たちは夜行性のヘビのように赤外線を捉えて暗闇の中で動物を追うことも、一部の昆虫のように偏光を検出することもできない。多くの動物は地磁気を知覚し利用するが、ヒトがこれを知覚する能力はかなり限られているし、ヒトにとって有害な放射線を感知することも今のところできない。これらが知覚できないのは、進化の過程で、これらが生存できるかどうかの分水嶺として決定的ではなかったことによるだろう。

　しかし現在のヒトの知覚や感情などの構造は、現在の環境において最適というわけではない。たとえば一部のヒトにとって甘いケーキや油っこい料理は魅

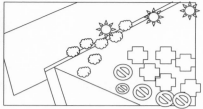

図1-3　ユクスキュルの環世界のイメージ
（von Uexküll, 1909 をもとに作成）
ある昆虫にとって、ある花は蜜を摂るために魅力的に見え、ある花は近づいては危険で、ある花やモノは飛行を妨げ、せいぜい羽を休める存在でしかないかもしれない。

表1-1　ヒトの知覚範囲

エネルギー	感覚器官	感覚様相	受容範囲
電磁波	光受容器	視覚	約400-700nm
振動	音受容器	聴覚	約20～20.000Hz
熱・機械	皮膚感覚受容器	温・冷・触・圧・痛覚	
化学	味覚受容器	味覚	
化学	嗅覚受容器	嗅覚	
機械	固有受容器	筋肉運動感覚	
機械	前庭器官	平衡感覚	
機械・化学	有機感覚器官	内臓感覚	

力的で、疲れていてもこれらを食べると一気に疲れを忘れることができる。これは、まさかカロリーの摂り過ぎで成人病になることを気にしなければならないなんて想定されていなかったためだろう（Pinker, 1999）。またヒトはストレスに晒されると心臓はばくばく鼓動して手足が冷たくなり、顔が青ざめる。これは、身体がすぐに動けるように筋肉に血を送りつつ、末梢への血流を減らして怪我をしても血が出にくいようにしているからだと考えられているが、ここで想定されるストレスの原因は猛獣や他の部族などの物理的な外敵である。ヒトの先祖は、ストレスの主な原因が外敵の攻撃ではなく、人前で評価を受けることになる時代が来るなんて、思いもしなかっただろう。

　このように、知覚も身体の仕組みも周りの環境に常に最適化されているとい

うわけではなく、それが今の私たちからすればとても適応的とは思えなくても、生存し子を残すうえでの致命的なマイナスにならなかった仕組みはそのまま残っていると考えられている。

　　シンリ君　そもそも、そういう「優れた能力」をもたざるをえないのは、そうしないと生き残れなかったからだとも言えるかもね。植物は、たしかに動物に食べられちゃうけど、動かなくても生きていけるし、食べられても結局動物がタネを運んでくれるから、移動する器官が発達しなかった。人は「ヒトは進化が進んだ生物なのだから、他の種に比べて優れた視覚をもっているに違いない」と思いがちだけど、実際には、ヒトも、他の種と同じく、種が住む環境にそれなりに適応した知覚をもっているだけで、優劣があるわけではないんだろうね。

3　その他の強調されている情報 ── 輪郭

　ヒトが光全体から見ればきわめて小さな周波数の違いを敏感に感じとったり、一定の空間周波数の情報に鋭敏であったりするように、それぞれの生物は、その先祖が暮らした世界において特に強く区別されなければならない部分の見分けがつくような知覚をもっているが、ヒトが区別を強調して知覚している情報は、色や空間周波数以外にもいろいろある。その一つが輪郭だ。図1-4を見てほしい。この図には明度のグラデーションがあるが、明度が均一な領域が3つあり、その間に明度が徐々に変化する二つの領域があるように作図している。つまり、この図の内部には、明度が急に変化する「線」は存在しない。けれども、多くの人の目には、図中の矢印で示したところに「線」が見えると思う（マッハバンド）。これはヒトの目が輪郭を強調する性質をもっているために起こる現象だと考えられている。このようなことが起こるのも、生物にとって「線≒輪郭」は、ものの形状を把握するためにとても重要な情報だからだろう。
　境目の強調は他にも見られる。たとえば、図1-5は、明度が均一な5つの四角形が暗い順から並んでいるだけであるが、ヒトの目には、それぞれの四角形のなかでも、明度の低い四角形に隣接している方が明るく、明度の高い四角形に隣接している方が暗く、わずかにグラデーションがついているように見える。つまり、境界部分が強調されて知覚される。これはシュブルール錯視と呼ばれ

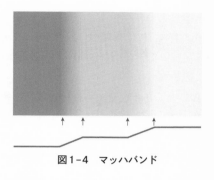

図1-4　マッハバンド

図1-5　シュブルール錯視

る錯視で、これも先ほどのマッハバンドも、ヒトがモノを見るとき、周りの情報のなかからその輪郭を強調して知覚していることがよくわかる例だろう。これらの強調は、側抑制と呼ばれる仕組みによって網膜のレベルでなされていると考えられている（コラム：側抑制の仕組み）。

　このように、ヒトをはじめとした生物は、世界をそのままの状態で知覚しているのではなく、一部の情報を誇張・強調して（他の情報は場合によっては区別できなくして）神経系の中で再構成することで、その生物が生きてきた環境に適応していると言えるだろう。私たちに見えている世界は、世界がどう見えたらそれぞれの種が生き残りやすかったのかという歴史の産物にすぎないのかもしれない。

　　シンリ君　どう？　たしかに体験とは少し違うかもしれないけど、心理学が積み上げた知見を手がかりにすると、こんなふうにヒトが見ているものを説明することができると思うんだ。
　　アルトちゃん　これはちょっとショック。見る能力も、先祖の長い歴史のなかで行き当たりばったりに得られたものの上にあって、私の知らないところで、目の細胞が休まず健気にはたらいてくれて「見える」ことができて、やっと成

立しているということなんだね。

　シンリ君　マンガやイラストで、輪郭だけ描いて伝わるのはよく考えれば不思議なことで、それが成り立っているのには図1-4や図1-5のヒトが輪郭を強調して見る仕組みが背景にあるのかも。

　アルトちゃん　たしかに絵画でも、線が与える視覚的な影響はとても強い。それはわかったんだけど、そこで私が（君の言葉を借りれば個人的なリアリティで）「見る」のと、シンリ君が説明する（生物学的基盤システムによって）「見る」のとの間に、どこまでの違いがあるんだろうか。主観と客観はそう大きく矛盾するんだろうか。

　シンリくん　矛盾ではなくて、同じものを別の位相で見ているだけだよ。どう見えるかに着目するか、どのような仕組みで見えるかに着目するかの違いだけで。

　アルトちゃん　シンリ君は、同じ世界に生きていても、目の構造や細胞のレベルから、たぬ吉と私に見えている世界は違うって話をしてくれたけれど、この世界の色を違うふうに見るからって、どちらの見る世界も不完全だと言えるのだろうか。

コラム　ヒトの錐体細胞分布の個人差

　ヒトの網膜にはあわせて700万個ほどの錐体細胞があるが、その3種類の細胞の比率には個人差が存在する。図1-6は、ヒトの3種の錐体細胞の分布を模式的に表したものである。図から、青色に強く反応する細胞の分布は絶対数が少ないながら差がないが、赤と緑の比率には差があることが読みとれる。つまり、同じ世界を見ていても、少なくとも入力の時点では、違いがかなりある人もいると考えられる。これは個人によってまったく見えている色

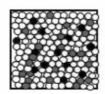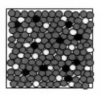

図1-6　ヒトの錐体細胞の個人差（Hofer et al., 2005をもとに作成）
黒色は青の受容体、白色は緑の受容体、灰色は赤の受容体を意味する。
2人の人の網膜の一部における錐体細胞の分布を模式的に示したもの。

が異なることを意味するように思え、実際にそのことを示唆する研究もあるが（齋藤ら，2018）、後述するように、知覚は生まれた環境にあわせてバランスが調整される部分もあるので、このことだけをもって世界が異なって見えているとは言えないだろう。

コラム　色覚の障害

　ヒトに最も多いのは3色型色覚と呼ばれる錐体細胞を3種類もつ人であるが、なかには4色型（異なる周波数に反応する錐体細胞が4種類ある）の人が女性では数％存在すると報告されている。また、逆に、生得的に1種類少ない人や1種類しかもたない人、3種類あっても反応する周波数のピークが他の多くの人とずれている人もいる。錐体細胞の種類が少ない人は、他の人が違う色だと認識する色の区別が難しいことがあり、色の区別が難しい周波数はもたない錐体細胞の種類によって異なる。また、1種類しかもたないと、色の区別を行うのが困難になる。

　このような色覚特性の個人差を測定するための検査として、日本では、石原式色覚検査が有名である。これはさまざまな色のドットで描かれた複数の図版からなり、各図版は、地となるドットの色と図となるドットの色の組み合わせによって特定の色覚特性をもった人には描かれた文字の読みとりが困難になるように作成されている。なおデザイナーやアーティストのなかにも、2色型色覚など多様な色覚特性をもった人がおり、それは必ずしもデザインや制作活動の障害にはならないと考えられる。他方、たとえばウェブサイトや公共の設備などのように不特定多数に提供するデザインを行う際には、さまざまな色覚特性の人へ配慮するのが望ましいと考えられている。

コラム　側抑制の仕組み

　側抑制による強調の仕組みは、複数の視細胞から入力を受けるON中心型（あるいはOFF中心型）の神経節細胞の仕組みによって説明される（図1-7参照）。ON中心型細胞は、中心部分の視細胞（図1-7の（0）の白い部分）に光の

信号が得られるとこの神経節細胞の反応は強くなり、周辺部分の視細胞（図1-7の（0）の黒い部分）に光の信号が得られるとこの神経節細胞の反応は抑制される。よって、図1-7の（2）のような状態のとき（周辺だけに光の信号を受ける場所）では、図1-7の（1）のような状態のとき（周辺も中心も光の信号を受けない場所）に比べて、抑制の部分にだけ信号を受けるのでこの神経節細胞の反応は弱く（暗く）なり、図1-7の（3）のような状態のとき（周辺だけが光の信号を受けない場所）では、図1-7の（4）のような状態のとき（周辺と明度が同じ場所）に比べて、この神経節細胞の反応は強く（明るく）なる。

　この側抑制は、さまざまな錯視を説明する。図1-8のヘルマン格子もその一つであり、白い線の交差部分は、両側が黒い■の部分に比べて、ON中心型細胞の周辺部分により多くの信号を受けるために、明度が低く（暗く）知覚される（具体的には、あるはずのないグレーの斑点がちらついて見える）。

ON中心型細胞

（0）

真ん中に光を
受ければ活動＋
周辺部に光を
受ければ活動－

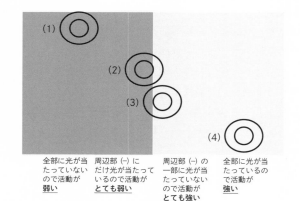

（1）

（2）

（3）

（4）

全部に光が当
たっていない
ので活動が
<u>弱い</u>

周辺部（－）に
だけ光が当たって
いるので活動が
<u>とても弱い</u>

周辺部（－）の
一部に光が当
たっていない
ので活動が
<u>とても強い</u>

全部に光が当
たっているので活動が
<u>強い</u>

図1-7　ON中心型の神経節細胞と側抑制

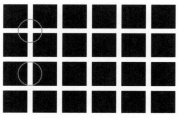

図1-8　ヘルマン格子

【引用文献】

蟻川謙太郎 (2001)「無脊椎動物の光感覚」[社] 日本動物学会関東支部（編）『生き物はどのように世界を見ているか：さまざまな視覚とそのメカニズム』(pp.7-27). 学会出版センター.

Changizi, M. (2010) *The vision revolution: How the latest research overturns everything we thought we knew about human vision.* Benbella books.〔チャンギージー, M.／柴田裕之（訳）(2020)『ヒトの目、驚異の進化：視覚革命が文明を生んだ』早川書房.〕

Changizi, M. A,, Zhang, Q., & Shimojo, S. (2006) Bare skin, blood and the evolution of primate colour vision. *Biology Letters, 2,* 217-221.

Hofer, H., Carroll, J., Neitz, J., Neitz, M., & Williams, D. R. (2005) Organization of the human trichromatic cone mosaic. *Journal of Neuroscience, 25*(42), 9669-9679.

森岡正芳 (2002)「生命・体験・行為：ゲーテを源泉とする心理学」『モルフォロギア：ゲーテと自然科学』*24,* 108-120.

Pinker, S. (1999) *How the mind works.* New York：W. W. Norton.〔ピンカー, S.／椋田直子（訳）(2003)『心の仕組み：人間関係にどう関わるか』日本放送出版協会.〕

齋藤隆介・永井岳大・山内泰樹・田代知範・内川惠二 (2018)「L/M 錐体数比と輝度検出特性の関連性：交照法による間接的検討」『日本色彩学会誌』*42*(3+), 71.

von Uexküll, J. (1909). *Umwelt und Innenwelt der Tiere.*〔ユクスキュル, J.／前野佳彦（訳）2012『動物の環境と内的世界』みすず書房.〕

2章　僕らの視覚のチューニング方法
── 世界の共有可能性について

　（昼休みは混むから少し早い昼食、シンリ君とアルトちゃんは学食に向かうことにする。道中、ちゃっかり他の学生からエサをもらっているたぬ吉を横目に見ながら二人は学食に入る。シンリ君が天ぷらそばを買うのをアルトちゃんがチラリと見る。）

　シンリ君　あ、アルトちゃん、そばアレルギーだったよね。
　アルトちゃん　うん。でも、考えてみれば不思議だよね。食品についてはアレルギーの考え方が広まって、同じ食品でも個人個人で違う効果をもたらすことが当たり前なのに、視覚については視力は別にして個人差があるとはあまり考えられていない・・・。
　シンリ君　たしかに・・・。
　アルトちゃん　貸してくれた心理学の本の知覚の話でピンと来ないのはさ、たしか、実際に世界に存在するモノがあって（遠刺激）、光で言えばそこからくるある周波数の光が目の受容体によって捉えられて（近刺激）、それが脳で処理されて体験されるって話だったと思うんだけど、私に関心があるのは、もともとの「世界に存在するモノたち」が私にとってどのようにしてありうるのかみたいなことなんだ。絵を描いていると、自分がいったい何を見ているのか不思議でしょうがないことがある。色がどうとか線がどうとか、心理学の本では普通に世界に存在するみたいに書いてあったけど、何のことを言っているのかわからなかったし・・・。それこそが私たちが直接捉えようとしている「コト」なんだよね。「モノ」になる手前でさ。
　シンリ君　そうだね。僕も「対象そのものの性質としての色」も「主観的に感じられる色」も使い分けなかった。これはまずかった。さらには、色や線が実体のある、共有可能なもののように話してしまっていたね。色も線も、画家・デザイナーにとってはそれぞれの人がそれぞれの関係のなかで捉えようとしている「コト」だというのはそのとおりだと思う。それはぜひ研究したいね。でも、「コト」としての知覚は個人的なので共感でしか共有できない。他方で、

日常の知覚は「モノ」レベルで、「モノ」レベルは必然的に共有されていると人は感じているんじゃないかと思うんだ。従来の心理学が主に対象にしているのはこっちでさ。アルトちゃんの話で、画家やデザイナーは、その前の「コト」のところで戦っているというのは、今後重要なテーマになるところだね。でもそれを考えるためにはまず「モノ」レベルがどうなっているか見ておいてもいいと思うんだ。

　アルトちゃん　どういうこと？

　個人はそれぞれ異なる身体と脳をもっている。ヒトの知覚が脳によって生み出されたものであるなら、個人によって世界の見え方や感じ方は異なるのだろうか。ヒトは同じ世界を見ているというのはまったくの幻想で、まったく共有していないのだろうか。

（シンリ君、トツゼン説明モードに入る。）

1　人の知覚の経験による構築

　動物のそれぞれの種の知覚は、それぞれの環境への適応の結果だと先ほど話したけれど、同じ種のなかでもその生物学的基盤となる身体や脳に個体差は存在する。たしかに各個人がもつ生物学的基盤には個人差もあるが、環境への適応は各個体の発達の中でも行われるので、この個人差が経験に与える影響は比較的小さくなるだろう。特に哺乳類の知覚は、生まれたときには非常に未熟な状態であり、育っていく環境の中で経験を積むことで徐々に獲得されていく。たとえば、視覚の獲得に重要な時期（敏感期：ネコの場合生後5週〜15週くらい）に、縦の線だけしか見えない環境で育ったネコは、横方向の線に反応する神経細胞を失ってしまうことがわかっている（Blakemore et al., 1970）。これは、この時期の環境にあわせて知覚が形成されていることを表しているだろう。

　ヒトの場合も同様で、網膜の錐体細胞の発達は生後しばらく経ってからであり（赤と緑の区別が安定するのが生後2〜6週目、青と黄色の区別が安定するのが4〜8週目）、また、視覚情報の初期処理を行う脳の神経細胞の数は生後2

か月ごろから増えはじめ、生後8か月ごろにピークを迎え、その後、徐々に不必要なものが減少することが知られている（Huttenlocher et al., 1982）。さらに、子どもが、後で紹介するさまざまな知覚の手がかりを統合できるようになるのは10歳から12歳ごろだと考えられている（Nardini et al., 2010）。そのため子どもは、一部の錯視の影響を受けにくいという研究の報告もある（Doherty et al., 2010）。これらのことから、人は生まれてから、環境に適応するように知覚を発達させているともいえる。

　そのため、子どもの時期に一定程度の視覚経験をしておくことが「正常な」視覚を得るための重要な条件になると考えられている。たとえば、眼球の疾患等で、子どものころ全盲に近い状態であった人が、大人になってから手術を受け、網膜が光を感じられるようになったとしても、他の人と同じような視覚経験を得るのは難しいようだ。手術前から光を感じることはできる状態だった人でも、手術後2〜3年経っても3色の色の区別の正答率は67.3％程度（チャンスレベル［でたらめに答えても正解する確率のこと］＝33.3％）であり、正三角形と円の識別実験の正答率の平均は54.6％（チャンスレベル＝50％）だったという報告もある（鳥居ほか, 2000）。これは知覚に関わる神経回路が形成される時期以降には知覚の環境への適応が困難なことを示している。

　他方、「逆さ眼鏡」という特殊な眼鏡を使うと、成人後でも環境への知覚の適応の一端を体験することができる。逆さ眼鏡は、左右または上下が反転して見える眼鏡であり、実験ではこれを24時間装着した状態で何日も生活する。開始当初一番困るのは、身体の感覚や運動と視覚が矛盾することだ。実験参加者は、右にある（ように見える）物の方に頭を向けようと頭を右に向ければそれはさらに右に行ってしまい、右の手を動かしているつもりが視覚的には左の手が動くのを目撃するという「ズレ」に苦しむことになる。しかし、時間とともにこの視覚と身体感覚のズレに徐々に「慣れ」ていき、身体イメージと視覚が一致するようになり、それなりに生活することができるようになるという。そして逆に眼鏡を外すと、再び混乱が起こるらしい（林部ほか, 1990）。

　上下逆転や左右逆転への適応というと極端な例だと思うかもしれないが、これは私たちが普段からやっていることなのである。なぜなら、人の眼球の表面にはレンズ（水晶体）があり、すべての光はこれを通ることで反転して網膜上に像を写すので、そもそも私たちの網膜に映った世界は反転しており、私たちは、ごく幼いころにそれをさらに反転させて身体と一致するように正立させる

ことを習得しているからである。

　先ほどの逆さ眼鏡の実験が表しているように、空間を動き回る動物にとって、その環境に適応した知覚を獲得する際に重要なのは、身体の動きと網膜に映る像との間に対応関係を形成することである。古い実験（Held et al., 1963）では、10週齢までの2匹のネコをペアにし、このうちネコAは自発的な移動が可能な状態に、ネコBは自分では動けないがネコAと同じものが見えるような状態にして、どのような差が出るか検証した結果、30時間後、ネコAは正常な視覚を習得したが、ネコBは習得できなかったことが報告されている。つまり動物は、生まれてきた後で、自らの身体の動きに応じた周辺環境の知覚の変化をもとに、知覚をチューニングするのだろう。このことは能動的な動きが視覚の確立に大きな影響を与える可能性を示唆しているだろう。

　　アルトちゃん　そういえば、全盲当事者の河野泰弘さんの本（2007）を読んだんだけど、盲学校で絵を描く授業で、円筒形の石油タンクを描くという話がある。でも、河野さんは手で触るとどこまでもあるから後ろまで描こうとしてしまって、どこまで描いていいかわからなくて困ったという。私、この人は目で見るのとは違う方法で世界を見ていて、表面ばかり見ている私たちが知っているよりはるかに立体を理解しているのかもしれないと思った。感想文でそれを羨ましいって書いたら、なぜか怒られたんだけど。

2　なぜ「眼」が見えるだけではモノが見えないのか

　先ほど全盲の人に開眼手術をしても、物が識別できるようにならなかったことを話したが、なぜ「眼」が見えるだけでは、つまり眼に入った光が網膜にその光景を映し出すだけでは、モノが見えないのだろうか。

　この問いに答えるためには、人の眼が単なる光の集まりの中から個々のモノをどのように見出しているかを考えなければならない。図2-1は、顔にも見えるし盃にも見える、ルビンの盃と呼ばれるとても単純な多義図形だ。この図形はたしかにどちらにも見えるのだけれども両方を"同時"に見ることはできず、必ずどちらか一方にしか見えない。「顔」の方に意識を向けると「盃」は背景になって見えなくなってしまい、「盃」の方に意識を向けると「顔」が背景になって見えなくなってしまう。これは、意識を向けたものは「図」として前景

図2-1 ルビンの盃

化し、それ以外は「地」として背景になる「図と地の分化」と呼ばれる現象である（何が図になるかについてはさまざまな説明がある[注1]）。人は、単なる光の集まりの中から図となるものを見出し、それ以外をその図の背景の地と見なすことでモノを見ている。もし仮に私たちがただ眼で光を感じるだけで「図」を見出す力をもたない存在だったとしたら、モノを認識すること、つまり見ることはできなかっただろう。

　このルビンの盃は2次元であるが、これは3次元でも同じことである。シルエット錯視（silhouette illusion）と呼ばれる回転する女性の錯視映像がある（茅原, 2003；見たことがない人は「silhouette illusion」で検索してほしい）。この映像では、あるときには人物が右回りに回っているように見え、あるときには左回りに回っているように見え、そして両方が同時に見えることはない。しかし、よく考えてみると、これは2次元の映像であり、右回りも左回りもない、単なる光の組合せの変化である。しかし、ヒトは特定の光の組合せを見たときに過去の経験や知識に基づいて「図」を見出し、さらに特定の光の組合せの変化を見たときに過去の経験や知識に基づいてそこに3次元空間上の「動き」を見る。この錯視からわかるのは、過去の経験や知識が混沌とした世界の光の組合せの変化から何かを見出すのに大きな影響を与えているということである。この知識や経験に基づく処理は、網膜に今入ってきた感覚情報に基づく処理（ボトムアップ処理）と区別して、トップダウン処理と呼ばれることがある。

　そしてこれらの錯視からわかるもう一つのことは、何が見えているか、どのような動きかの判断をする際に、知識や経験に照らし合わせると、網膜に入ってきた光の組合せの解釈に複数の候補がある場合には、無意識に、各瞬間に最もありうると思われる一つの見え方（仮説）を無理やりにでも選び、それだけを意識し、それ以外の見え方は排除する傾向があるということだ（Gregory, 1979）。

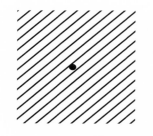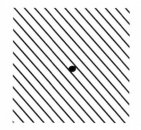

図2-2　両眼視野闘争の実験の例

間に紙を置くなどして、左目で左の図のみを、右目で右の図のみを見る。本来、ヒトは左右の目から入る情報を統合して1つの情報として感じるが、この視野闘争のように統合が不可能な場合には、どちらか一方の見え方を瞬間瞬間で採用する。

　そのため、同じものを見続けていたとしてもある瞬間にある部分に注目した場合には、盃に、あるいは右回りにしか見えないということが起こる。ただし、次の瞬間に別の部分に注目した場合には、人の顔に、あるいは左回りにしか見えないということが起こる可能性がある。そのため複数の解釈が可能な場合には、結果として時間とともに見え方が切り替わることがある。この見え方の切り替わりは、図2-2のような左右の目に統合不能な異なる図像を提示する実験によっても体験できる（両眼視野闘争）。

　この見え方の切り替わりに関連して、2015年ごろにSNSで話題になった「白と金のドレス」か「青と黒のドレス」か、見る人によって違う色に見える写真を想い出す人もいるかもしれない。これは、どの仮説が採用されるか（「白と金のドレス」か「青と黒のドレス」か）に、その人がこれまでに蓄積した背景知識（眼に入ってきた光の組み合わせがこんなふうなときはこういう色の生地にこういう色の光が当たっているときである）の与える影響が大きく、また採用された仮説が維持されるために、同じものでも人によって見え方が異なり、かつ見え方が切り替わらない例であろう。

3　足りない情報は補完される

　自然状況で網膜に映った像（他の動植物や人、モノ）は、たいていその典型的な形状であることはなく、かつ一部しか見えないことが多い。しかし、たとえば、目にしたものが図2-3のような状態だったからといって、これが何かわからないということはない。それは人が光の情報から図を見出し、解釈をす

図2-3　自然状態では、たいてい情報が欠如している

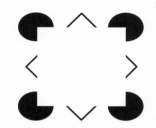

図2-4　カニッツァ錯視の一種

ると同時に、足りない情報を知識や経験によって補完しているからである。図2-4を見てほしい。どう見えるだろうか。この図2-4は、実際には4分の3の円と＞のような図形だけで構成されている。けれども一見、4つの円と45度傾いた四角形の手前に白い正方形があるように見え、さらに白い正方形は背景よりも少し明るく、ぴかぴか光っていて、輪郭にも何となく線があるように見えるのではないだろうか。この図がそのように見えるのは、このような光の組合せが目に入ったときに、それぞれの円や＞が、ちょうど白い正方形が上に乗っているかのように偶然配置される確率よりも、白い正方形が実際に乗っている確率の方が高いと知覚されるからだと考えられる。このようにあるものが図として認識されると足りない部分（たとえば、白い四角形の輪郭）が補完され、さらに実際より強調されて知覚されることがある。

　実はこの補完は、常にあらゆるところで起こっている。たとえば、図2-5は、盲点の補完の例である。左目を閉じて、右目で「A」という文字に注目しながら、眼を近づけたり、遠ざけたりすると、ある距離のところで、右側の黒丸が消えるはずだ。こういうことが起こるのは、網膜には盲点という、視神経が脳に向かうための出口があるために錐体細胞が存在しない部分があるからなの

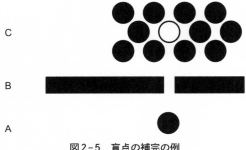

図2-5　盲点の補完の例

であるが、ここで大事なのは、この部分には錐体細胞がないから「何も見えない」わけではないということである。図2-5を再び見て、黒丸が消えたのと同じ距離で視点を「B」に移すと、右側の線はつながっているように見えるだろう。これは、盲点で見えていないはずの場所が周囲の情報に基づいて補完されていることによって起こる。さらに、そのままの距離でCに目を向けてほしい。もし単純に、周囲の情報によって盲点の部分が塗り潰されているのであれば、白丸は見えずこの部分は空白になって見えるはずだ。ところがおそらく、多くの人には黒丸が見えるだろう。つまり脳は、局所的な部位ではなく少し広範囲にドットパターンを読みとって、それをもとに補完していると考えられる。

　そもそも、起きている間に限っても、人はかなりの時間、世界を見てはいない。1分間に約6秒間は瞬きによって世界を見ていないし、大きく眼を動かすときにも（サッカードと言う）、世界を見ていない。たとえば、鏡で自分の右目を見て、左目に目線を動かしてみても、眼が動く瞬間を見ることはできないだろう。しかしスマートフォンの鏡機能でこれをすると、（わずかな遅延があるので）眼が動いているのがわかると思う。眼を動かしている瞬間には、人は実際には外界からの情報を遮断しているが、その瞬間を感じとることはできない。これもやはり脳の中で世界が補完されているからだと考えられている。このように、人の脳は空白を嫌って周辺の情報で埋め、図となるモノを探し、図が見つかると欠けている部分を自動的に補うが、これが意識されることは少ない。

4　重視されるのは恒常性

　もう一度図2-3を見てほしい。こういう状況を目にしたとき、普通人は壁か

図2-6　記憶における領域膨張

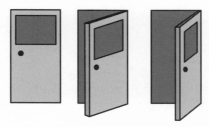

図2-7　形の恒常性

何かの後ろにネコの体が隠れているように知覚するだろう。このように人が見えていない部分を補完することは、ある光景を見てしばらく時間が経ってからそれを描いてみることで確認できる。たとえば図2-6の左側の写真を見てしばらく経ってから再現して描いてみると、図2-6の右側の絵のように欠けていた部分が補われ、本来の形として描かれることが多い。これは人にとって重要なのは「どのように見えるか」ではなく、「それが本来どのようなものであるか」であるからだと考えられる。

　現実の世界では、同じモノでも、そのときの明るさや距離、位置、障害物といった周囲の状況によって常に網膜に映る像は異なっている。同じイーゼルでも、アトリエにあるときと太陽光の下にあるときとでは網膜に映る大きさも色も形も異なるが、イーゼル自体がどれくらいの大きさか、何色か、どんな形かと聞かれれば答えることができるだろう。逆に、網膜には何ミリで映っているか、それぞれの錐体細胞がどれくらいの比率で反応しているかと聞かれても、答えることはできないだろう。網膜像は「それが本来どのようなものである

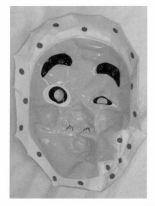

図2-8　お面

これは市販のお面（凸型）をへこませて凹型にしたもの（制作者には申し訳ない）。
それでも凸型に見える。

か」を捉える手段でしかないからだとも言える。

　また、たとえば、僕シンリが遠くからアルトちゃんに近づいて来たときに、
アルトちゃんは「シンリ君が急に大きくなった!!」と感じることはない。人の
像が網膜上では大きくなったとしても、人の大きさはそう簡単に変わらないと
想定されているので、近づいてきたと感じるだけだ（大きさの恒常性）。ある
いは、木の葉が夕日に照らされて赤色に該当する周波数の光を発していたとし
ても、人の目は周囲の光の色を勘案し木の葉が赤いのではなく、それ自体は緑
の木の葉だと知覚する。蛍光灯の光の下でも太陽の光の下でも友人は友人とし
て識別され、光源の影響が相殺されることでわずかな顔色の変化にさえ気づく
ことができる（色の恒常性。しかし、お店の照明の中で初めて見る服が太陽の
下でどのような色に見えるかを想像するのは難しい）。

　このような恒常性は色だけではなく、形にも見られる。図2-7は手前方向に
ドアが開いているように見え、ドアの形が四角形から平行四辺形へと変形して
いるようには見えない（形の恒常性）。このように、網膜に映る像の変化にか
かわらず、その変化を他の環境の変化に帰属し（たとえば光源の違いや距離、
ドアの開き具合）、対象が特定の性質を維持している（大きさや色、形）と推
定して知覚することを「知覚の恒常性」と呼ぶ。

　他方、このように人間は経験に基づいてモノを見る傾向があるため、あるモ
ノを見る際に、それが経験上ある状態だと強く想定されている場合に、それに

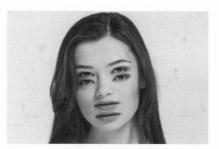

図2-9　目が二重のモーフィング

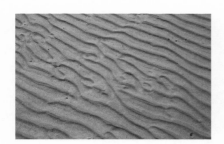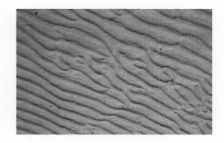

図2-10　凸凹の逆転
右の写真は左の写真を180度回転したものだが、左の写真で凸になっている部分が、
右の写真では凹に見える。

反する状態を知覚することが困難になることがある。たとえばドアの例で言え
ば、実際にドアが平行四辺形に歪んでも人はそれを直感的には把握できないだ
ろう（後で話すエイムズの部屋も参照）。このような現象が典型的に強く見ら
れるのが、「顔」と「陰」である。

　顔というのは、通常、凸型に膨らんでいるものであり、お面の内側のように
凹型になっている状態を目にすることはない。だから凹型に凹んだ顔を提示す
ると、人は凸型に見ようとしてしまう（Gregory, 1970；図2-8）。加えて人は顔
には二つの眼がついているものだという強い想定をもっているため、眼を4つ
にするとなんとか二つに見ようとする（図2-9。この傾向は、ある程度は他の
モノにも言える。エッシャーのだまし絵も、人がなんとかして整合的に見よう
とする性質を利用したものだ）。同様に、通常、光は上から来ることが多いの
で、影があるほうが下だと推定されやすい。そのため、結果的に凹凸が実際と
は逆に知覚されることがある（図2-10）。

実際の形　　　　　　　　　　　主観的な見え方

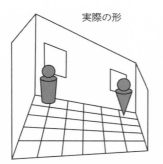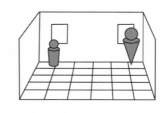

図2-11　エイムズの部屋

図2-12　バイオロジカルモーションの画像キャプチャーのイメージ
（https://www.youtube.com/watch?v=rEVB6kW9p6k　をもとに作成）
これだけだとただの点の集まりにしか見えないが、動きがあると人であることがわかる。

　ほかにも部屋や窓を正方形や長方形だと想定しやすい傾向が、距離や大きさ
の感覚を狂わせることがある。たとえばエイムズの部屋という、いびつに作ら
れた部屋があるが、その部屋を一定の位置から覗いた人は部屋の形について知
識や経験があるために、実際には遠くにいる人を小さく、近くにいる人を大き
く知覚してしまう（図2-11）。このようなことが起こるのは、人の距離の知覚が、
2つの目の輻輳（対象に焦点をあてたときにどのくらい両眼が内転するか）や
両眼視差（両眼に入る情報のズレ：近いところのものほどズレが大きい）だけ
ではなく、他の情報にも影響を受けるからである。この場合は、部屋は立方体
であり、窓は四角であるといった想定が、対象までの距離の知覚を歪め、その
結果、人の大きさの知覚が距離の影響を加味して相殺されずに歪むために起こ
ると考えられる。
　これらの現象は人が視覚体験を通じて、対象物とその見え方の間にルールを
見出しているから起こるものであるが、このように、人が見ている対象からさ

まざまな特徴を描出しているということを示す現象は他にもある。図2-12は、バイオロジカルモーションという映像の一部を切り出したものである。これは単なる動くいくつかの光の点の集まりであり、これらの点は通常、人が人を見るときに眼に入る視覚的な特徴をまったく兼ね備えていない（皮膚もなければ、厚みもない）。にもかかわらず、これらの光の点があるパターンが動き出したとたん、これを見る人は人間の動きを想起し、人が動いているように（形を変えているように）見える。これらのことからわかるのは、形の変わるモノに関する形の恒常性の制約は形の変わらないモノに関する形の恒常性とは異なるということである。

　なお、人にとっては注意を向ける対象の恒常性だけではなく、自分の外界そのものを安定した「地」として知覚することも重要である。しかし、先ほど瞬きやサッカードのところで紹介したように、世界を見ているときにも人は常に頭や目を動かしているので、網膜に映っている像も常にぶれているということになる。にもかかわらず、人は網膜像のブレを感じることができず、世界は固定されていると感じるだろう。これは眼や頭が動くとその動きの情報が脳に伝わり相殺されて処理されるからだという説明もなされるが（遠心性コピー）[注2]、何にせよ、人にとって重要なのは、外界がどのようにあるかであり、人間の知覚のシステムは、外界を安定的に捉えることに焦点化されて作られていると考えられている。

5　絵画・デザインと錯視

　これまで話してきたように、人は、ある視覚情報が入力されたときには、網膜像そのまま知覚するのではなく、「本来どのようにあるのか」を自動的に推定する。だから、完全に網膜に映っているままに描写するのは難しい。しかし、形の恒常性や（Cohen et al., 2008）、大きさの恒常性（Ostrofsky et al., 2012）によって脳が勝手に網膜に入ってきた世界を「本来の形」に置き換えようとするのを抑制し、ディテールを分析すること（Chamberlain et al., 2013）に慣れている画家は、これらの恒常性による歪曲の影響を受けにくく、絵の訓練を受けたことがない人に比べて意識によってコントロールできることが報告されている（Chamberlain et al., 2019）。

　他方で、先ほど紹介した知覚の多義性（あるモノにも別のモノにも見える体

験）に注目した作品を創る作家も少なくない。ある研究者（Muth et al., 2018）は、多義的な知覚を利用した作品を、①統合された複合物（Tony Cragg の can-can）、②多重安定性（Robert Gober の1990年の人の胸部にも袋にも見える untitled）、③決定不能性（Hans Bellmer の Ossature de Bassin）、④知覚習慣との矛盾（Meret Oppenheim の Frühstück im Pelz）の4類型に分けている。これらの多義的な知覚体験は、強い感情を喚起することで見る者を引きつけると考えられている（Ishai et al., 2011）。また、このように多義的な知覚体験が人びとを引きつける理由として、人が視覚的曖昧さと葛藤の末に解決した際に喜びを感じる傾向があることをあげる研究者もいる（Hekkert et al., 2008）。

　アートに比べデザインはより意識的に人間の知覚システムを踏まえて行われることが多い。たとえば、アルファベットのＸは太さによっては2本の直線を中央で交差させた形で表現すると、ポゲンドルフ錯視と呼ばれる錯覚によって直線ではないように感じられることがあるので、一部のフォントでは交差する部分を少しずらすなどの工夫が施されている。

　またこのような視覚効果は、公共の空間にも応用されることがある。イタリアのサンマルコ広場では視線方向の両側の壁を狭めるように配置することで距離を感じさせ、カンピドリオ広場では逆に奥の方を広げることで空間を大きく感じさせるように設計されている（後藤ほか, 2005）。

　身近なところでは道路にも、人の知覚システムを利用したさまざまな工夫がある。たとえば速度が出やすい場所では、加速しているように感じさせることで速度を抑制するため標識等の間隔が徐々に密になっていたり、道路の中央に突起物があるように錯覚させるイメージハンプが設置されていたりする。こういったものは、主に車の速度をコントロールするためのものである。

　人間同士の関わりを考えても、外見などの視覚的情報は大きな影響をもちがちなので、化粧や衣服といった装いによって、眼を大きく、体型をよく錯視させるような工夫が試みられる（森川, 2016）。その意味では、アートにせよデザインにせよ、意識するしないにかかわらず、人間の知覚機能を踏まえたうえでの表現である部分が少なからずあると言えるだろう。

　　アルトちゃん　で、世界は共有可能だという話なの？　不可能だという話なの？
　　シンリ君　さっき、アルトちゃんが近刺激、遠刺激の話をしてくれたけど、

近刺激のような受容体のレベルの反応においては、個人差や種による差は少なくないんだと思う。しかし、生物は、遠刺激である外界を把握することに焦点があてられているんだ。ある特定の場面でない限り、他の人と異なる色覚特性であっても本人にも周りにもそのことがわからない。ということは、生活の世界ではやっぱりその多くが共有されているということなんだと思う。だから同じ世界で暮らしている限り、世界の共有って可能なんじゃないかと思うんだけど・・・。

アルトちゃん　私は世界が共有されない可能性なんてあんまり考えたことなかったけど、君と話していると、それもなんだか自信がなくなってくる。君は私と同じ人間なのか・・・？

> **コラム** **未来の知覚とラバーハンド・イリュージョン**
>
> さまざまな感覚受容体からの情報は、それぞれ時間差をもって脳に伝わる。たとえば、視覚情報は、網膜に入ってから第1次視覚野に至るまでに75ミリ秒から100ミリ秒、第1次視覚野での情報の処理に30〜40ミリ秒、さらに認知されるまでに300ミリ秒程度かかると言われているが、この伝達速度は感覚によって異なるため、脳はこれら時間差をもって到着する情報のズレを調整し、結びつけなければならない（バインディングと呼ばれる）。知覚心理学者チャンギージーは、このように私たちの脳が情報を処理するまでに時間がかかっているということは、私たちの脳に入ってくる情報は、数秒前の世界の情報であることを意味すると指摘する。さらに彼はそのため私たちは、動きを感じる刺激を提示されると、数秒先の未来の状況を自動的に推定して知覚しており、このことは、ヘリング錯視（図2-13）など、一部の錯視が生じる理由を説明すると指摘している（Changizi, 2010）。
>
>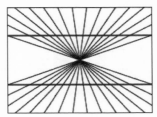
>
> **図2-13　ヘリング錯視**
> 放射線によって、平行な二つの直線が湾曲して見える。

他方、先に述べた、さまざまな感覚間の時間的なズレの統合はいろいろな問題と関わっている。たとえばラバーハンド・イリュージョンという現象は、自分の片手を、自分の視界から見えないケースなどの中に入れ、その横に、よく見える状態で、ゴム製の手を置いてそのゴム製の手の一部を刷毛などで撫でながら、同時に、実際の手のその場所を刷毛で同じように撫でると、そのゴム製の手が自分の身体のように感じるという錯覚である。これは自分の身体感覚もまた、複数の感覚が時間的に一致することで構築されていることを示唆するだろう。

コラム　知覚と身体 —— 生態心理学と世界の共有可能性 —

　心理学は知覚についてさまざまな実験を行ってきたが、実験室の中では普段私たちが行っているような、自由に動き回りながら周りを知覚する、ということは見えてきづらい。アメリカの知覚心理学者、ジェームズ・ギブソン（J. J. Gibson, 1979）は、自由に動き回りながら周りを知覚するということを研究し、理論的に体系化した人だ。

　まず具体例から見ていこう。動き回ることで知覚される情報としてオプティカルフローがあげられる（Gibson, 1979）。電車に乗って窓の外を見れば周囲の光景全体が横に流れていく。前に進んでいくと、向こう側から新しい光景が次々に見えてきてどんどん拡大し、視野を横切っていく。そのまま後ろを向けば、視野の外から新しい光景が次々と現れてはどんどん小さくなり、そして見えなくなっていく。では、下や上を向いたら？　この光景の流れの全体は図2-14のようになる。

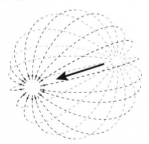

図2-14　オプティカルフローの全体像（Gibson, 1979を参考に作成）

ここでは重要な点がいくつかある。一つ目は、オプティカルフローは体の動きと法則的に連動しているということだ。電車でも、歩いていても、また人によって色の見え方が違っても、移動すれば同じように周囲の光景が法則的に流れていく。二つ目は、オプティカルフローによって自分の動きをコントロールできるということだ。移動をやめれば、オプティカルフローは止まる。早く進めばオプティカルフローは早くなる。これを利用して、移動のスピードをコントロールし、またその場に留まることができる。3つ目は、オプティカルフローは今見ていなくても生じており、いつでもそれを知覚可能だということだ。前方、横、後、下、上、自分の全周囲に生じている光景の流れを一度に見ることはできないが、その流れはすべてつながっており、前を見ているときでも後方のオプティカルフローは生じている。これは、自分の移動を示している知覚情報（ここではオプティカルフロー）が見ていなくても自分の周りに常にある、ということを意味している。

　ギブソンは、聴覚、触覚、嗅覚などの他の感覚についても知覚情報と体の動きの関係性を考察している（Gibson, 1966）。ここでは聴覚について、次のような場面から考えてみよう。部屋の中で蛇口から水が漏れていることに気づく。この水の音の独特な空気振動は蛇口から離れるほどに弱くなっていく。重要なのは、この空気振動の場がずっとそこに生じていたということだ。次に、目をつぶって水の漏れている方向を探ってみる。頭の正面が蛇口の方を向いていないのであれば、蛇口との距離は左右の耳で微妙に異なるので、耳に到達する空気振動の大きさも左右でわずかに異なってくる。蛇口の方を向くには、頭を左右に振り、左右の耳で聞こえる音の大きさが同じようになる向きを探ればよい。そして蛇口に近づきたければ、頭の向きを維持したまま耳に到達する空気振動が大きくなっていくように移動すればいい。

　このようなギブソンによって体系化された知覚心理学は「生態心理学」と呼ばれ、ギブソンの死後も、そのアイデアを受け継いだ研究者が身の周りにあるさまざまな知覚情報や、その知覚と連動する体の動きについて研究をしてきた。生態心理学の立場から「世界は共有可能か」という問いに答えるとすれば、「共有可能」ということになるだろう。なぜなら知覚される情報は、個々人の頭の中にあるのではなく、身の回りにあり、それぞれのヒトが体の動きを通して見つけ出しているだけなのだから。私たちは自分が知覚していることを他人に知覚してもらうことが可能なのか、また文化圏を超えて情報

を伝えることが可能なのか、こうした問いに関して、生態心理学はアートやデザインに重要な視点を提供している。 ［山本尚樹］

【注】

[1] 増田（1994）のまとめによれば、「図」になりやすいのは、(1) 狭小な領域、(2) 閉合された（とりかこまれた）領域、(3) 内側ないし凸型の領域、(4) 同じ幅をもつ領域、(5) 空間の主方向である垂直・水平に広がる領域、(6) 周囲との明度差の大きい領域、(7) 絶対的明度の高い領域、(8) 暖色の領域、(9) 観察者にとって見慣れた特徴的な形をもつ領域、である。

　このほかに、複数のものがまとまりあるものに見える群化の要因も有名である。これには(1) 近接、(2) 類同、(3) 共通運命（同じ動きなど）、(4) 閉合、(5) 割り切れ（中途半端な余りが出ない）、(6) よい連続（なめらかに繋がる）、(7) よい形、(8) 客観的構え（それまでの流れとの連続性）、(9) 経験、が含まれる。

　これらの要因を要約すると、目に入るものを、全体として最も秩序ある、簡潔な、「よい」まとまりとして知覚しようとする傾向の存在を見てとることができる。これは「プレグナンツへの傾向」と呼ばれる。

　このような刺激相互の関係に基づいて知覚が形成されるということは、われわれの知覚が個々の刺激の総和ではなく、ゲシュタルトと呼ばれるある種の全体像から形成されていることを示唆している。

[2] また、たとえば隣の電車が動き出したときのように外界のほうが大きく動いたら、自分が動いたと感じることが多い。これをベクション（視覚性運動知覚）と言う。

【引用文献】

Blakemore, C., & Cooper, G. F. (1970) Development of the brain depends on the visual environment. *Nature, 228* (5270), 477-478.

Chamberlain, R., Drake, J. E., Kozbelt, A., Hickman, R., Siev, J., & Wagemans, J. (2019). Artists as experts in visual cognition: An update. *Psychology of Aesthetics, Creativity, and the Arts, 13*(1), 58-73.

Chamberlain, R., McManus, I. C., Riley, H., Rankin, Q., & Brunswick, N. (2013). Local processing enhancements associated with superior observational drawing are due to enhanced perceptual functioning, not weak central coherence. *Quarterly Journal of Experimental Psychology, 66*(7), 1448-1466.

Changizi, M. (2010). *The vision revolution: How the latest research overturns everything we thought we knew about human vision.* Dallas, Texas：Benbella books.〔チャンギージー, M. ／柴田裕之（訳）(2020)『ヒトの目，驚異の進化：視覚革命が文明を生んだ』早川書房.〕

Cohen, D. J., & Jones, H. E. (2008) How shape constancy relates to drawing accuracy. *Psychology of Aesthetics, Creativity, and the Arts, 2*(1), 8-19.

Doherty, M. J., Campbell, N. M., Tsuji, H., & Phillips, W. A. (2010) The Ebbinghaus illusion deceives adults but not young children. *Developmental Science, 13*, 714-721.

Gibson, J. J. (1966) *The senses considered as perceptional systems.* Hillsdale, Boston: Houghton Mifflin.〔ギブソン, J. J. ／佐々木正人・古山宣洋・三嶋博之（監訳）(2011)『生態学的知覚システム：感性をとらえなおす』東京大学出版会.〕

Gibson, J. J. (1979) *The ecological approach to visual perception.* Hillsdale, Boston: Houghton Mifflin.〔ギブソン, J. J. ／古崎敬・古崎愛子・辻敬一郎・村瀬旻（訳）(1985)『生態学的視覚論：ヒトの知覚世界を探る』サイエンス社.〕

後藤倬男・田中平八 (2005)『錯視の科学ハンドブック』東京大学出版会.

Gregory, R. (1970) *The Intelligent Eye.* London: Weidenfeld and Nicolson.

林部敬吉・横山義昭 (1990)「上下・左右逆転眼鏡順応事態での種々の遂行行動の変容」『静岡大学教養部研究報告 人文・社会科学篇』*26*(1), 282-259.

Hekkert, P., & Leder, H. (2008) Product aesthetics. In H. N. J. Schifferstein & P. Hekkert (Ed.). *Product experience* (pp.259-285). San Diego, Calif.: Elsevier.

Held, R., & Hein, A. (1963) Movement-produced stimulation in the development of visually guided behavior. *Journal of comparative and physiological psychology, 56*(5), 872-876.

Huttenlocher, P. R., de Courten, C., Garey, L. J., & Van der Loos, H. (1982) Synaptogenesis in human visual cortex: Evidence for synapse elimination during normal development. *Neuroscience letters, 33*(3), 247-252.

Ishai, A., Fairhall, S. L., & Pepperell, R. (2007) Perception, memory and aesthetics of indeterminate art. *Brain research bulletin, 73*(4-6), 319-324.

河野泰弘 (2007)『視界良好：先天性全盲の私が生活している世界』北大路書房.

増田直衛 (1994)「10・4図と地」「10.5図の群化と体制化」大山正・今井省吾・和気典二（編）『新編 感覚・知覚心理学ハンドブック』誠信書房（pp.616-628）.

茅原伸幸 (2003) ProcreoFlashDesign Flash Laboratory, Silhouette Illusion. Retrieved from http://www.procreo.jp/labo/labo13.html（2020年11月24日）

森川和則 (2016)「視覚の心理学」『色材協会誌』*89*(1), 11-16.

Muth, C., Hesslinger, V. M., & Carbon, C.-C. (2018) Variants of semantic instability (SeIns) in the arts: A classification study based on experiential reports. *Psychology of Aesthetics, Creativity, and the Arts, 12*(1), 11-23.

Nardini, M., Bedford, R., & Mareschal, D. (2010) Fusion of visual cues is not mandatory in children. *Proceedings of the National Academy of Sciences of the USA, 107*, 17041-17046.

Ostrofsky, J., Kozbelt, A., & Seidel, A. (2012). Perceptual constancies and visual selection as predictors of realistic drawing skill. *Psychology of Aesthetics, Creativity, and the Arts, 6*(2), 124-136.

鳥居修晃・望月登志子 (2000)『先天盲開眼者の視覚世界』東京大学出版会.

3章 脳は世界をどう再構成するか
── 人間は機械だってあなたは言うけれど

（シンリ君とアルトちゃんは食事中。シンリ君が天ぷらそばを食べる横で、アルトちゃんは、カツカレーを食べる。）

アルトちゃん　（もぐもぐ）うん。それなりに安くてそれなりにうまい、こういうとき人間でよかったと思うなあ ･･･。私にとってこの（もぐもぐ）カツカレーはいろいろな食感で、いろいろな味わいで、腹に溜まっていく感覚と、この幸せとして説明するしかないんだけど、私ときどき、私は常に世界に吸収されていってて、同時に私も世界を吸収しているような気がすることがあるんだ。つまりさ、「人間」を、自分からも世界からも切り離して考えるのってやっぱり何か肝心な部分を見落としてしまう気がする。

シンリ君　でもさ、たとえばアルコールやコーヒーを飲んだり、タバコを吸ったりしたら、気持ちに変化が起こるでしょ？　いろいろな精神的な困難に遭遇しているときに投薬を受けると症状が改善したり（時には悪化したり）するし、イライラしていても甘いものを食べたり、満腹になれば気分が落ち着いたりもするしね。だから人間は、ある意味で機械のようなものとも考えられるんだ。たしかに、同じコーヒーを飲むにしても、誰と飲むのか、どこでどういうふうに飲むのかによって気分の変化は違うんだけれど、やっぱり人間には生物学的な基盤があるから、コーヒーがどういうふうに体に作用するかを調べるのと同じように、目で見たモノがどのようなメカニズムで心に影響するのかを知ることは意味があると思うんだ。

アルトちゃん　うーむ ･･･ そのとおり。確かになぁ。自分の中身ってわけがわからないんだよなぁ。でも、あそこに食器をさげるベルトコンベヤーがあるじゃない？　あの機械はいろいろな装置と連結しているでしょ。洗う機械だったり、ゴミを回収する機械だったり ･･。あれは全体として機能するのであって、その一部だけを取り出してもそれが果たす機能はわからないんじゃないかな？

そもそも関わる意思みたいなのが機械にはないんじゃないかな？

シンリ君　そうだよね。システム論っていう考え方だけど、そうやって1つだけの機械としてみるのではなく、全体の宇宙（ユニバース）のなかで見ないといけないというのはそうだと思う。

　あと、たしかに機械は比喩だから限界があるよね。「自由意思」をどう考えるか？ってことだよね。だから、機械として比喩が活かせるのは、人間の知覚のなかでも、線の傾きや色といった、低次の、つまり無意識で自動的な処理のほうだと思う。

> **天の声**
>
> 　脳などの神経に何らかの障害や変化が起こると、世界の見え方にも変化が生じる。これは、見える世界は脳の中で作られているということを意味するのだろうか。脳の中ではいったい何が起こっているのだろう。

（シンリ君、おそるおそる説明モードに入る。）

1　神経細胞の集合体としての人 ── 第1次視覚野まで

　外界のモノを3次元で知覚するというのは当然のことのように思えるかもしれないが、人間の網膜は2次元であることを考えれば、とても不思議なことだ。人間をはじめとした動物は目に入ってくる光を、網膜で情報に変換し、さまざまな神経細胞が条件に応じて選択的に次の細胞に伝達することによってこれを実現していると考えられている。このような処理が自動的に行われていることを考えると人は、ある種、精密な機械のようにたとえることができるかもしれない。

　実際、人間を機械のように見ることで説明できる現象は数多くある。その一例として、図3-1の左側を30秒ぐらい凝視して、その後すぐに右側に目を移してほしい。垂直のはずの線が反対側に傾いて見えると思う（アルトちゃん　本当だ！　なんで？）。この現象には、人間の視覚に関わる脳の細胞がもつある性質が影響している。その性質については後で詳しく話すとして、まず眼から入ってきた情報が脳で認識されるまでの仕組みを大まかに説明しよう。まず外界から入ってきた光は、眼の網膜にある錐体細胞と桿体細胞において、脳の

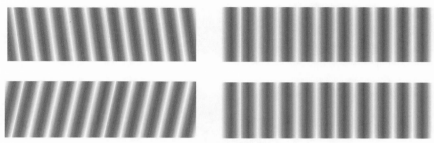

図3-1　傾き残像錯視

図3-2　視覚伝達

　神経を伝わる情報に変換される。そして、その情報は図3-2に示した経路（視神経）を通って、視野の注視点（注意を向けているところ）より左側（左視野）の情報は主に右脳に、右側（右視野）の情報は主に左脳に送られ（右目、左目の情報ではなく、両目とも左視野、右視野の情報がそれぞれ右脳、左脳に送られる）、第1次視覚野（頭の一番後ろの部分にある）で低次の処理が行われた後に視覚連合野で統合される。

　脳で行われる視覚情報の低次の処理は意識されることなく自動的に行われるので、人は右脳と左脳がどのような処理をしているのかを見ることも感じることもできず、また、処理の途中で障害を受けても、欠損した部分の情報は周りの情報をもとに補完されるので、欠損していることに気づかないことがある。

このために右脳の障害などで左視野が欠けた人が絵を描くと（左目の視力は関係なく）、対象となるものの右半分に比べて、左半分が粗かったり、描かれなかったりすることがある。

2　第1次視覚野の処理

　第1次視覚野には、さまざまな輪郭の傾きに対応して反応する細胞や、さまざまな空間周波数に対応して反応する細胞、色に対応して反応する細胞などが多く存在していて、これらの細胞はそれぞれ網膜における空間的位置と対応関係をもっている。またこの第1次視覚野の面積の多くを占めているのは、網膜のなかでも中心窩近くの細胞と対応している細胞である。つまり、視野の中心にある重要な情報はより多くの細胞によって処理を受けることになる。

　網膜における空間的位置と対応した第1次視覚野の各部位の細胞が、さまざまな傾きの光にどのような反応をするかを模式的に表すと図3-3のような感じになる。たとえばちょうどdの傾きの線に対応した細胞は、aからhのそれぞれの輪郭が提示されたとき、（B）に示したように反応する。つまり、dの傾きの線に対応した細胞は、垂直より左に少し傾いた輪郭（d）に対して最もよく反応するが、dにくらべ、eやcの傾きに対しては反応が弱くなり、fやbになるとさらに弱くなるといったように輪郭の傾きとdの傾きとの角度の差が大きくなるにつれ、反応頻度が低下する。ここではdの傾きに対応する細胞を例に述べたが、これと同様にさまざまな角度に対応して反応する細胞があり、輪郭の傾きの検出を行っているが、あらゆる傾きに個別に対応する細胞があるわけではない。しかし、たとえば、dの角度からほんの少しcの側に傾いた輪郭が提示された場合には（C）列に示したように、eの傾きに対応する細胞に比べて相対的にc側の傾きに対応する細胞が強く反応することで複数の細胞の反応の比率によって、連続的に角度を知覚することができる。

　この脳の細胞の仕組み「各細胞は反応を繰り返しているうちに、徐々に反応性が弱くなる」という性質によって、図3-1を見たときに起こった線の傾きの変化を説明することができる。まず上記の性質のために、たとえばdの角度の輪郭が長く提示されると、dの角度に対応した細胞の反応、そしてdの角度に対しても一定程度反応するeの細胞の反応性が弱まり、その状態で、eの角度の輪郭が提示されると、（D）に示されているように、fに比べてd、eの側の角

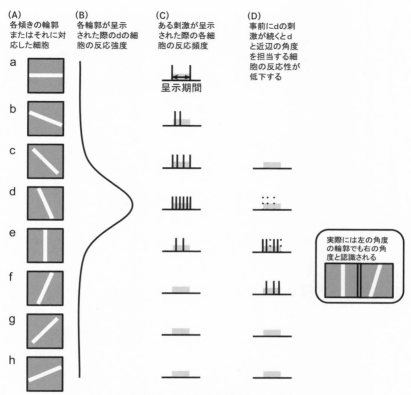

図3-3　傾きと細胞の反応の関係

度に対応した細胞の反応が弱い状態になるので、結果として、実際よりもf側に傾いているように見えることになる。これがまさに、さっきアルトちゃんに起こった現象なんだ。（**アルトちゃん　ワーオ ‥‥。**）これは、人の知覚がまるで機械のようにさまざまな仕組みによって自動的に構築されているから起こる現象といえるだろう。

　またこのような現象が起こるのは、私たちの知覚が、一つの種類の細胞の反応そのままではなく、複数の細胞の反応の相対的なバランスをもとに形成されていることを示している。これと似た現象は、幅（図3-4）や空間解像度（図3-5）、色（補色残像）など、さまざまなところで見られる。なお、ある方向の動きをずっと見ていて（たとえば映画のエンドロールや滝のような直線的な動き、コマの模様の回転など）、動きのない場所に眼を移すと、動いていないは

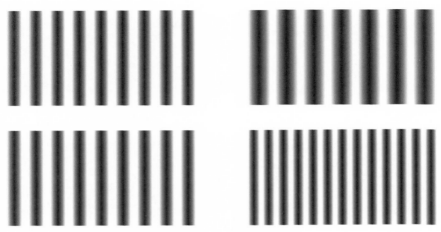

図3-4　幅の残像効果

図3-5　空間解像度

ずのところが直前に見ていた動きの反対方向に動いているように見える錯覚も、傾きの細胞と同じ仕組みで説明できる。動いていない（静止している）と知覚されるということは、上向きの動きに反応する細胞と下向きの動きに反応する細胞の反応が拮抗しているということを示している。ずっと下向きの動きを見ていることで下向きの動きに対応する細胞の反応性が低下すると、動いていないところに眼を移したときに、上向きの動きに対応する細胞に比べて、下向きの動きに対応する細胞の反応が弱い状態になり、その結果上向きに動いているように感じられるのである。

　人間が複数の細胞の反応の相対的なバランスで知覚を形成することは、動かないものを無視し、変化を検出するという目的を考えるとよくできていると思う。たとえば、私たちの網膜の構造上、光は錐体細胞に栄養を送る血管等の隙間を縫って錐体細胞に到達する。でも私たちは眼の血管が邪魔で前が見にくいということはない。これも同じ位置にある同じ刺激が呈示され続けるとそれに対する知覚は弱くなるいう知覚の性質によって引き起こされた結果だ。

　また、第1次視覚野では視野の狭い範囲のある1点に呈示された線の特徴抽出がなされたが、そこから連なる第2次視覚野、第3次視覚野では、徐々により広い範囲の情報が統合的に処理されていく。たとえば、ある細胞は、円の4分の1が提示されたとしても、それが閉じた円の一部なのか、円の弧なのかによって反応が異なる（番ほか, 2005）。円という全体はそれを構成する部分の集合によって構成されるので、低次の視覚野の部分部分の処理の結果として円であることが明らかになるが、この現象は、それとは逆により広い範囲に対する処理の結果が個々の部分の処理にも影響することを表している。

　このような部分と全体の密接な関係は、一部の錯視の生起にも関係するかもしれない。図3-6は、ツェルナー錯視と呼ばれるもので、白と黒の紐が巻きついたロープのような直線は実際にはすべて平行であるが、傾いて見える。この錯視が起こる仕組みについてはさまざまな説明がなされているが、その1つは、このロープを構成する白い線や黒い線のような近辺の角度に反応する複数の細胞が同時に独立して反応し、それが加算的に処理されるのでロープの傾きの知覚にズレが生じると説明する。これは白い線、黒い線という部分の傾きが、ロープという全体の傾きの知覚に影響する可能性を示している。同様の説明が下線の太さによる錯視（図3-7）にも有効であろう。しかし、この説明ですべての錯視を説明することはできない。たとえば、傾きの対比効果（図3-8）

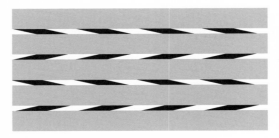

図3-6　ツェルナー錯視

下線が太いほど文字が太く見える。

下線が太いほど文字が太く見える。

下線が太いほど文字が太く見える。

下線が太いほど文字が太く見える。

下線が太いほど文字が太く見える。

図3-7　下線の太さの錯視

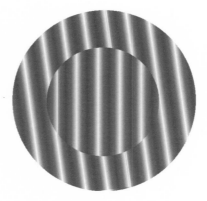

図3-8　傾きの対比効果
この場合、周りとは逆方向に傾いているように見える。

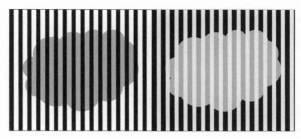

図3-9　ホワイト効果

やホワイト効果（図3-9）は、同化の方向ではなく対比の方向に変化している。いずれにせよ、このように、視覚の処理は、初期の段階では網膜上の狭い範囲ごとに行われるが高次処理になるにしたがい、各部位の処理に他の部位の処理の結果が影響する形で統合的に行われるようになると考えられている。

3　二つの経路

　視覚情報はその後、腹側経路と背側経路の二つの経路に分かれて処理されていく。

　このうち腹側経路は、側頭葉（言語に深く関わる部分が多い）と呼ばれる脳の側面を通る経路であり、意味や色に関わる処理を行っていると考えられている。そのためこの経路を損傷した人にモノ（たとえば、歯ブラシ）を提示すると、それに手を伸ばして掴んだり、描くことはできても、それが何であるかを言うことが難しい（物体失認）、顔から人物の区別がつかない（相貌失認）、形や大きさを親指と人差し指の開き具合で示すといったことはできないといった症状が現れることがある。また、この経路にある紡錘状回は大脳性色覚障害と呼ばれる障害に関わっており、この部位が損傷を受けると、世界のすべてがどんよりとくすんで見えると言われる。

　もう一方の背側経路は、頭頂葉（運動に関わる部分が多い）と呼ばれる頭の上の方を通る経路であり、空間的配置や行為に関わる処理に関わっていると考えられている。この部分を損傷した人は、簡単な図形を模写しようとしても、描く線を空間的に適切に配置することができない。

　ところで、錯視は腹側経路で起こりやすく、背側経路では起こりにくいと考えられている。そのためたとえば、エビングハウスの錯視図形（図3-10）を見

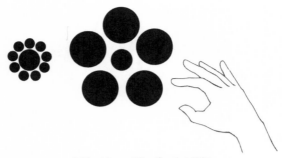

図3-10　エビングハウス錯視

せて、中央にある円の大きさを親指と人差し指の開き具合で表現させた場合には錯視によって狂いが生じていても（腹側経路による処理）、実際にその円に触るように指示をすると、（錯視が生じていない場合のように）適切な大きさに指を開いて手を伸ばすこと（背側経路による処理）が知られている。

　以上のことから、背側経路は、現実世界において自分が移動したり他の物を操作したりするために必要なその瞬間における空間・行為の処理を担っており、腹側経路は、その瞬間ではなく、状況を越えた普遍的な意味の世界における色や意味の処理を担っていると考えられている。

4　脳と絵

　先ほど、脳の中では各部位の処理に他の部位の処理の結果が影響する形で処理が統合的に行われるという話をした。これと似たことは、視野の各部位の処理だけではなく、脳の機能全般についても起こっている。たとえば、自閉症スペクトラム症は、生物学的な要因を伴った、社会的コミュニケーションの難しさと興味関心・行動の限局や反復性を特徴とした発達障害の一種である（**アルトちゃん　私の好きな作家の一人もそうらしい！**）。自閉症スペクトラム症は症状の現れ方の個人差が大きいため、この障害をもったすべての人に共通するわけではないが、自閉症スペクトラム症をもった人の作品には、細部への焦点化、（大局的トップダウン的処理の弱さからくる）多重視点、顔や表情の情報の目立たなさという共通した特徴に加えて、共感覚（コラム参照）、カメラアイ（見たものを瞬時で記憶して再現する能力）、自然界に存在する法則性を直感的に見出す能力が随伴することがあると言われている（華園, 2018）。

その結果、自閉症スペクトラム症の人の中には、絵画や音楽に優れた能力を発揮する人がいる。ラマチャンドラン（Ramachandran, 2004）は、その理由を、一般的な知識やその対象が置かれたより広い文脈についての知識に基づく処理（トップダウン処理）の弱さに由来すると考えた。自閉症スペクトラム傾向の低い人の場合、大局的でトップダウン的な処理（部分部分ではなく全体、そして眼からの視覚的情報だけではなく記憶や判断など）が知覚に大きく影響する。要するに、目から入ってくる情報だけを純粋に処理することができず、知識が意識しないうちにそれを見なれた形に歪めてしまう。ところが、トップダウン的な処理が限定されている自閉症スペクトラム傾向の高い人の場合、視覚情報が抑制されることなく、そのまま表現に現れると考えたのである。

　このように脳の各機能は相互に抑制したり、促進したりしあっているため、まれに一部の機能に障害が起こることによって他の機能が促進されることが起こる。たとえばエドワード・マイブリッジが写真家になったのは、事故で前頭葉を損傷した後であると言われているし、前頭側頭型認知症と呼ばれる認知症になった人のなかには、一時的に優れた絵を描くようになったと評価される人もいる。

　このように、脳で行われるさまざまな情報処理のバランスが視覚体験を生み出しているということは、このバランスを変えると異なる視覚体験を生み出すということを意味するかもしれない。たとえば、視覚は、明暗、色、形、位置などが脳において分業的に処理されて統合されることで形成されるが（個々の処理を担うものをモジュールと呼ぶ。形を処理するモジュールや色を処理するモジュールなど）、脳科学者ゼキ（Zeki, 1999）は、近代絵画はこれら個々の異なる役割を担ったモジュールの意図的強調、欠落と読み解くことができるという。たとえば、モネの絵には輪郭モジュールが欠如しており、スーラの絵では色彩モジュールが強調されており、ピカソの絵では空間配置モジュールが欠如しており、モンドリアンの絵では形態素モジュールが欠損している、といったようにである。

　これと類似して、絵画の多様性をクオリアとアウェアネスという視覚プロセスの概念によって説明しようとする研究として行場（2003）がある。このクオリアとは質感とも訳されるものであり、トップダウン処理（知識や経験）とボトムアップ処理（網膜からの入力情報等）に基づいて今現在確定されている仮説、すなわち今見えていると主観的に感じているものに実感を与え、この仮説

は現実だと体感させるものである。アウェアネスとは、網膜からの入力情報に対する論理的判断である。行場（2003）によると、アウェアネスが低くクオリアが高い作品としてモンドリアンの「埠頭と大洋」、アウェアネスは高くクオリアが低い作品としてピカソの「ミューズ神」、クオリアもアウェアネスも低い作品としてターナーの「山岳風景」、クオリアもアウェアネスも高い作品としてフェルメールの「音楽レッスン」などがあるという。

　このように、人間の知覚を機械のように捉えると、結果として出力される知覚がどのように構築されているのか、その背後のメカニズムについて理解することができるだろう。

　　　　シンリ君　僕らは他の人にも、動物にも、時にはモノにも、心的なものを推定するしね。心というレベルを単位に僕らは生きている。けれども、その心というレベルを下支えしているのは機械的なものだとも考えられるんだ。

　　アルトちゃん　そういえば、昔、進化論の本を読んだときにはかなり衝撃を受けたなあ。でも腑に落ちるとこも、安心したところもあった。脳の仕組みにはたいした個人差はないし、私たち人間は、自分たちが信じてるより機械的な仕組みでできているってことに限っては賛成だ。でもさ、その機械の部品が集まっても人ができるわけではないでしょ。

　　シンリ君　いや、その機械みたいなものが集まったときに、高次な心みたいなものができるし、それだって奇跡だと思うんだよね。素晴らしい絵だって、一つ一つは線だし、信じられないけれども、それらのものは僕らが生きているのと同じ物理法則でできているんだよ。すごくない？

　　アルトちゃん　それはぜんぜんわかんない。素晴らしい絵が素晴らしいのは、それが分解すれば物理法則に基づく線の集合だからではなくて、その絵で実現された総合のなかに自分も関わっていることがわかるからだと思う。でもあれ？　私たちの言ってることって似てるのかな？

　共感覚とは、ある感覚モダリティ、たとえば音が提示されたときに、その感覚に伴って別のモダリティ、色や形の感覚も自動的に喚起される現象のことである。共感覚には、このほかにもさまざまなものがあるが、最も多いのは、文字に色を感じる色字共感覚であると言われている。

　この共感覚が、いわゆる連想（たとえば「日」という漢字を見ると「赤」を思い出す）と異なるのは、連想が意識的に行われるのに対して、共感覚は自動的、不随意的、認知的に起こるという点にある。また、個人のなかでは長い期間一貫しており、発達のごく初期から生じるために、本人は特別なことと意識していないことがある。たとえば、色字共感覚があって、2と5が異なる色に色づいて見える人は、そうでない人よりも下のような図の中から数字の2の数を素早く見つけることができる。

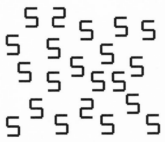

図3-11　2はいくつある？
色字共感覚のある人は、2を素早く見つけることができる。

　共感覚のような現象が起こる原因としては、子どものころの体験（たとえば子どものころ遊んだ文字のおもちゃの色）など、学習が考えられているが（Witthoft et al., 2013）、今でもわかっていない。

　脳が美をどのように感じているかという研究は、近年盛んに行われている。絵を見ているときには、この章で扱った視覚に関わる領域が広く活性化するだけではなく、前頭前野など情動の予期に関する領域も活性化することが知

られている（Brown et al., 2011）。また、美術館収蔵の絵だと思うかコンピュータが自動生成した絵だと思うかによって、絵を見る際の脳活動に違いがあることが明らかになっており（Kirk et al., 2009）、先入観や知識も絵を見る際の脳活動に影響することが示されている。

　これらの知見は、絵を見るということが認知的で情動的な行為であることを示すものであるが、それだけではなく、ミラーニューロンと言われる他者の動作と自己の動作の両方に反応する共感に関わる神経システムが重要な役割を果たしているという指摘もある（Gallese et al., 2007）。つまり絵を見るということは、描き手を追体験する全身的な行為でもあるのかもしれない。

　ちなみに描画能力は右脳と関連づけられることが多いが（Kowatari et al., 2009 など）、描画能力と右脳・左脳の機能分化の関係については十分確定しているとはいえない。右脳左脳に障害を負った作家の絵の追跡研究によると、障害が生じたのが脳の左右どちらであるかはその後の作品に大きな影響を与えず、筆致の明確さや奥行き、色使いに同程度に影響を与えることが示されている（Chatterjee et al., 2011）。このことから、制作には右脳と左脳の両方が影響している可能性もあるだろう。

コラム　アフォーダンス —— 環境に存在する行為の可能性

　2章のコラム「知覚と身体 —— 生態心理学と世界の共有可能性」で紹介した生態心理学では、私たちの周りはさまざまな知覚情報で満ちていると考える。こうした周りのことを生態心理学では「環境」と呼ぶが、この言葉には他の心理学とは少し違う、特別な意味がこめられており、知覚される情報だけでなく、ヒトやその他の生物にとって重要なものが含まれている、と考えられている。それは生物のさまざまな行為の可能性だ。

　ある程度広さのある開けた地面や床などの水平面は、その上を移動したり寝そべったりすることができる。その地面からほどよい高さに、ある程度平滑でほどよい広さのある面があれば、そこに座ることができる。上下左右の四方が面に囲まれ、どこかが開けているようなところ、たとえば洞窟などがあれば、そこに身を置いて隠れたり、天候の変化などから身を守ったりすることができる。左右に壁などがあるが前後に伸びていく地面、道は、ある場

所から別の場所への移動を可能にしている。その一方で、水際や崖は移動を妨げる。また、地面などの他の面とどこもくっついていないモノは、手ごろな大きさであれば拾い上げ、持ち運んだり、投げたりすることができる。広くて大きな面にどこか部分的にくっついているモノ、たとえばドアノブであれば、そこを掴んでくっついている面ごと引っ張り上げたり、何かを引っかけたりすることができる。このように、環境には、生物にとってポジティブなもの、崖のようにネガティブなものがあり、非常にさまざまな行為の可能性を生物に与えてくれる。

　ここで重要なのは、生態心理学が研究する知覚情報と同じように、そうした行為の可能性は私たちが環境に意味づけすることでもたらされているのではなく、あくまでも環境の側に存在しているという点である。こうした環境にある行為の可能性は「アフォーダンス」と呼ばれる（Gibson, 1979）。

　アフォーダンスは、生物に行為の可能性をもたらすものであるが、ここで注意しなくてはいけないのは、決して生物に特定の行為を強制するものではないということだ。アフォーダンスは環境中にあり、それを私たちは利用できるが、利用しないこともある（椅子などのアフォーダンスが座ることを強制するとすれば、街のベンチは大変なことになる）。その選択は生物に任されている。

　このことを掘り下げて考えていくと、今私たちが発見しておらず利用されていないアフォーダンスが環境の中にひっそりとそこに存在し続けている、ということにつながってくる。私たちは今現在発見したアフォーダンスを利用して生活をしているが、環境中にはまだ発見されていない豊富なアフォーダンスがあり、私たちはそうしたアフォーダンスを探索していきながら、新たな行為の可能性を見出し続けている。こうしたことはさまざまな画材や素材の可能性を探り、表現が生み出される過程においても生じていると考えられる。この点において、アフォーダンスは制作プロセスやデザインを考えるうえで重要な概念と言える。　　　　　　　　　　　　　　［山本尚樹］

【引用文献】
番浩志・山本洋紀・福永雅喜・中越明日香・梅田雅宏・田中忠蔵・江島義道 (2005)「ヒト低次視覚野における形態の大局的な情報処理」『VISION』17(3), 191-194.

Brown, S., Gao, X., Tisdelle, L., Eickhoff, S. B., & Liotti, M. (2011) Naturalizing aesthetics: Brain areas for aesthetic appraisal across sensory modalities. *Neuroimage, 58*(1), 250-258.

Chatterjee, A., Bromberger, B., Smith, W., Sternschein, R., & Widick, P. (2011) Artistic production following brain damage: A study of three artists. *Leonardo, 44*(5), 405-410.

Gallese, V., & Freedberg, D. (2007) Mirror and canonical neurons are crucial elements in esthetic response. *Trends in cognitive sciences, 11*(10), 411.

Gibson, J. J. (1979). *The ecological approach to visual perception.* Hillsdale, Boston: Houghton Mifflin.〔ギブソン, J. J. ／古崎敬・古崎愛子・辻敬一郎・村瀬旻（訳）(1985)『生態学的視覚論：ヒトの知覚世界を探る』サイエンス社.〕

行場次朗 (2003)「視覚的クオリアとアウェアネスの関連性と絵画作品」『基礎心理学研究』*22*(1), 102-107.

華園力 (2018)「自閉スペクトラムの認知特性と視覚芸術」*VISION, 30*(4), 171-178.

Kirk, U., Skov, M., Hulme, O., Christensen, M. S., & Zeki, S. (2009) Modulation of aesthetic value by semantic context: An fMRI study. *Neuroimage, 44*(3), 1125-1132.

Kowatari, Y., Lee, S. H., Yamamura, H., Nagamori, Y., Levy, P., Yamane, S., & Yamamoto, M. (2009) Neural networks involved in artistic creativity. *Human brain mapping, 30*(5), 1678-1690.

Ramachandran, V. S. (2004) *The emerging mind.* Profile Books.〔ラマチャンドラン, V. S. ／山下篤子（訳）(2004)『脳の中の幽霊、ふたたび』角川書店.〕

Witthoft, N., & Winawer, J. (2013) Learning, memory, and synesthesia. *Psychological science, 24*(3), 258-265.

Zeki, S. (1999) *Inner Vision: An Exploration of Art and the Brain.* Oxford: Oxford University Press.〔ゼキ, S. ／河内十郎（監訳）(2002)『脳は美をいかに感じるか：ピカソやモネが見た世界』日本経済新聞出版.〕

4章 イメージはどこから来るのか
── 丸は四角よりも甘いのか

　（アルトちゃんとシンリ君は食事を終えて食堂を出る。ぶらぶら歩いていると、なにやら苦しそうにしているたぬ吉を見かける。口に何か引っかかっているようだ。二人では手に負えないので、たぬ吉を抱えてよくたぬ吉の面倒を見てくれている守衛さんのところに向かう。アルトちゃんがたぬ吉を抱きかかえて守衛室に向かっていると、キャンパス内の清掃をしてくれている女性が「あら、ポラキチ、どうしたの？」と話しかけてくる。）

　アルトちゃん　あ、八木さん。
　（八木さんは、アルトちゃんの使っているアトリエ周辺を担当しているので、アルトちゃんとは顔なじみだ。アルトちゃんが説明すると、八木さんは通りかかった同僚の田中さんに声をかけて、二人でああでもないこうでもないと話している。）
　アルトちゃん　（たぬ吉を撫でながら）たぬ吉、おまえはポラキチと呼ばれているのか。
　シンリ君　（笑）でも、すごいよね。キチは同じ！
　アルトちゃん　ほんとだ。おまえは「吉」っぽいんだな。吉って何となくバラバラなものをまとめて軽く明るくしてくれる感じがするな。「明日があるさ」という感じ。
　シンリ君　（タヌキチのキチは吉だったんだ・・・）「吉」という漢字の形や音（や言葉の意味）がもつイメージだね。
　アルトちゃん　あ、イメージといえば、この間、私、大発見しちゃったんだけど、音って、口や喉で発したりする響きだし、形や線だって目や手で触った感触じゃない？ってことはイメージってぜんぶ、身体から生まれるんじゃないかって。そういや例の本にも、印象とかイメージがどうやって作られるのかって話があったっけ。デザインの分野とかだとそういうの重要なんだろうけど。
　シンリ君　そうだね。身体はイメージの重要な源なんだと思うよ。菅村先生の研究室が行った実験（杉本ほか, 2016）では、（アルトちゃ

ん　えっどちら様？）同じものを見るのでも、斜めに空いた穴から首を傾げた形で覗き見るか、水平に空いた穴から覗き見るかでそのものの評価が変わるという結果も出てる。身体はたしかにイメージの重要な手がかりなんだけど、でも、身体を通して感じられる以外のものだって影響している。

> **天の声**
>
> 　人はあらゆるものにイメージをもつ。そして、あるものに対するイメージは、個人によって異なることもあるが、共有されることも少なくない。人はなぜあるモノに同じイメージをもったり、異なるイメージをもったりするのだろうか。そのイメージはどこから来るのだろうか。

（シンリ君、トツゼン説明モードに入る。）

1　イメージの普遍性と文化依存性

　公共施設や街中で見かける視覚的な記号やマークのなかには、その国の言語を理解しない人でもある程度内容が想像できるものがある。記号やマークがこのように機能するのは、一部の視覚的なイメージが人に与える印象は文化を超えてある程度共通しているからだ。

　ある古い研究（Köhler, 1947）では、さまざまな文化圏に属する人たちに、図4-1のような二つの視覚的な抽象図形を提示して、どちらがマルマ（という音）に相応しく、どちらがタケテ（という音）に相応しいか尋ねたところ、音と図の対応関係には性別や文化を超えて共通性が認められた。この現象は音象徴、あるいはブーバ・キキ効果と呼ばれるもので、音や図形が特定のイメージをもつことを端的に示している。

　人びとのもつこのようなイメージは、SD（semantic differential：意味微分）法という方法で分析されることが多い（コラム参照）。この方法では、刺激（たとえば音なら50音のなかから一つの音など）とともにさまざまな形容詞対（たとえば「明るい　１　２　３　４　５　暗い」）を調査の参加者に提示して、どちらの方にどれだけ近いかを回答することを求める。これをさまざまな刺激（たとえば50音のなかの音）に対して行うことで、たとえば、「じ」という音は「ぱ」とい

図4-1　ブーバ・キキ効果（実際のKöhler. 1947の刺激とは少し異なる）
どちらがマルマで、どちらがタケテの音っぽい？　またはどちらがブーバでどちらがキキっぽい？

う音よりも「暗い」イメージであるとか、「堅い」イメージであるとかを調べることができる。

　私たちが、何かを命名するとき、意識しないでこのイメージの影響を受けている。これは商品の名称を考えるデザイナーも例外ではない（長町，2005）。たとえばポケモンは進化レベルが高いものほど、名前に含まれる濁音の数が増えるらしい（川原，2017）。これは、濁音が増えるほど強そうなイメージをもちやすいからだと考えられている。

　人びとのイメージを知る方法は、SD法以外にもさまざまなものがある。強制選択を用いた研究の一つ（丹野，2003）では、ある形容詞に対して50音のなかからその形容詞に最も近いと感じるひらがなを一つ選んでもらうという方法をとったところ、それぞれの形容詞に対して一定程度同じひらがなが選ばれることがわかったと報告している（表4-1）。

　このように、人がイメージをもつのは音だけではない。表4-2は、日本において高齢者と大学生に色の印象を調査した研究の一部を抜粋したものである（宮田ほか，2012）。この表から、言葉のイメージには年齢層や性別を超えてある程度の共通性があることと、年齢層や性別ごとに違いがあることを見てとることができる。この違いは、それぞれの時代における価値観が影響している可能性を示しているだろう。

　同様に、形から想起するイメージに関する研究も数多く存在する。そのなかの一つ（Oyama et al., 2003）は、さまざまな図形についてのSD法による測定結果を多次元尺度構成法と呼ばれる方法を用いて分析し、形のイメージは、形がもつ複雑性、規則性、曲線性という3つの特徴に基づいて形成されることを明らかにしている（図4-2）。また、色と同様、このような形のイメージにはある程度の文化を超えた普遍性とともに文化差があり、たとえば「幸福」をイメー

表4-1　形容詞から喚起される音（丹野，2003の表2から上位5位を抜粋）

形容詞	最も多く回答された音	選択率
安心な	ほ	55.56
静かな	し	49.53
汚い	げ	38.89
さわやかな	さ	32.71
驚く	わ	31.48

表4-2　それぞれの言葉に対応するものとして選ばれた色（宮田ほか，2012上位2位まで抜粋）

	怒り	嫉妬	罪	永遠	幸福	孤独	平静
男大学生	鮮赤 88.9	鮮紫 20.4 暗紫 16.7	黒 35.2 暗灰 11.1	白 40.7 黒 13.0	鮮黄 22.2 薄赤紫 20.4	黒 16.7 暗紫青 11.1	薄紫青 13.0 鮮紫青 11.1
女大学生	鮮赤 76.6 黒 4.8	暗紫 17.7 暗赤紫 15.3	黒 32.3 暗灰 13.7	白 16.9 薄青 14.5	薄赤紫 32.3 鮮黄 23.4	灰 12.9 黒 11.3	薄紫青 15.3 薄青 14.5
男高齢者	鮮赤 77.8 黒 7.4	鮮紫 18.5 鮮赤紫 14.8	黒 44.4 暗灰 14.8	鮮紫青 13.8 白 10.3	鮮黄 21.4 薄青紫 14.3	黒 20.7 灰 13.8	薄青 10.3 鮮緑 10.3
女高齢者	鮮赤 49.2 黒 12.3	鮮赤 15.3 鮮紫 11.9	黒 29.5 暗灰 18.0	薄青 16.4 明－青 9.8	薄赤紫 25.8 明赤紫 15.2	灰 25.5 薄灰 9.5	薄青 9.2 明緑 9.2

ジする図形として選ばれるのはどの文化圏でも図4-2の左上のaの図形であることが多いが、図4-2の右上のような図形は、日本では「驚き」をイメージするものとして最も多く選ばれるが、セルビアでは「永遠」をイメージするものとして最も多く選ばれることが報告されている（Oyama et al., 2008）。

　ここでは、色と形それぞれについて形容詞との関係を紹介したが、先述のマルマとタケテのように、イメージは感覚の種類を超えることがある。たとえば、「あ」という音は「い」という音よりも大きく感じられるし（たとえばサピア（Sapir, 1929）は大きいテーブルと小さいテーブルを提示し、「ある言語でそれらが「マル」あるいは「ミル」という名前で呼ばれる場合、それぞれどちらがふさわしいか」を聞いたところ大きなテーブルには「マル」がふさわしいと多くの人が回答した）、丸みをもったフォントは角張ったフォントに比べて、どの国でも甘く感じられ、スペイン語や英語では角張ったフォントは丸いフォントに比べて、苦く、塩っぽく、酸っぱいと感じられる（中国語ではこの効果は見られない。Velasco et al., 2017）。

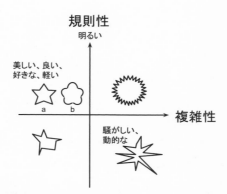

図4-2　幾何学図形のイメージと形容詞（Oyama et al., 2003 をもとに作成）
多次元尺度構成法の二つの次元の代表的な図形のイメージと形容詞。第3次元である曲線性が低いと「緊張した」、「鋭い」印象が強くなる。

楽しい 活発な 未来	楽しい 未来	
	力強い 安心な ゆとりある 安定した 親しみやすい	
弱々しい 不安な　過去 不安定な 親しみにくい おとなしい つまらない	おとなしい	おとなしい つまらない

図4-3　位置によるイメージ（椎名ほか, 2005 をもとに作成）

このほか、空間的位置にもイメージがあることが知られている。たとえば、さまざまな形容詞を提示し、コンピュータの画面上でその形容詞に相応しいと思う位置に■を置くように指示し、その■が置かれた場所（縦横を3×3で9分割して画面のどの位置に置かれたか）を測定すると、図4-3のように、形容詞に応じて■が置かれる位置が異なる傾向があることが示されている（椎名ほか, 2005）。

また、このような空間的位置によるイメージの存在は、他の方法によっても確認されている。IAT（潜在連合テスト）という、イメージの結合の強さを反応の早さで測定するテストを用いた実験によると、道徳的崇高さ（たとえば「神」など）に関する言葉は、画面上部に表示された場合に、画面下部に表示された場合よりも早く反応されることが指摘されている。つまり単なる表現の問題ではなく、画面上の高低は道徳的な高低とイメージのレベルでも結びついていると言える（Meier et al., 2007）。

ここで紹介した空間的位置がもつイメージの研究は実験の結果に基づくものであるが、臨床家の経験のレベルでは、昔から、バウムテスト（10章参照）などの描画テストの解釈において類似のことが指摘されてきた（図4-4）。この図で示されているように、右側の方向は「父親」や「未来」「外向」を、左側の方向は「母親」や「過去」「内向」を意味するとされている。これらの方向には複数の解釈の可能性があるため、自動的に当てはめることは適切ではないと

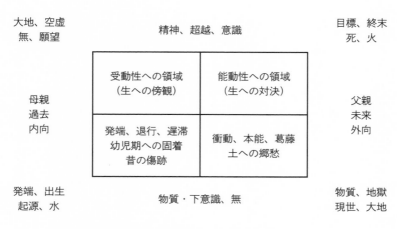

図4-4　グリュンワルドの空間図式（Bolander, 1997をもとに作成）

されているが、このような模式図は、上や下、前や後ろ、右や左といった空間的位置が豊かなイメージと密接に結びついたものとして感じとられてきたことを示している。

2　イメージの影響

このようなイメージのなかには、単なる「イメージ」で終わらず、人の行動や認知にも強い影響力をもっていると考えられるものもある（柴崎, 2017）。たとえば、2004年のオリンピックの4種の個人対戦型のスポーツ（テコンドーやレスリングなど）を対象にした研究では、青色の服を着ている選手に比べて、赤色の服を着ている選手のほうが勝利しやすいことが指摘されている（Hill et al., 2005）。これは、赤色を身に着けているほうが審判に有利に見える可能性や、赤色に相手を萎縮させる効果がある可能性によって説明されるかもしれない。

しかし、この赤色による萎縮効果の影響は、スポーツに限ったものではなく、思考能力にも影響を与えることがわかっている。ある実験（Elliot et al., 2007）では、実験参加者に文字を入れ変えて単語を作る課題を与え、その成績を調べた。ただし、この解答用紙には受験番号が異なる色で印字されており、実験の参加者は全員、解答前はそれぞれの受験番号を確認するように指示された。その結果、この受験番号が赤色で印刷された場合には、それ以外の色の場合に比べて、成績が悪くなった。ただし、このような効果が見られるのは男性だけであり、女性にはあまり効果がないと指摘する研究もある（Gnambs et al., 2010）。

他方で、色がもつのは、萎縮効果だけではないことを示唆する研究もある。握力測定を用いた研究では、「握れ」という言葉が赤で表示されたときに、青や灰色で表示したときよりも、握力が有意に強くなることが明らかにされている（Elliot et al., 2011）。

ここでは赤色についての研究を紹介したが、他の色や形についても気づかないうちに、認知や行動に影響している可能性もあるだろう。

3　イメージはどこから来るか

ここまで、色や形、空間的位置などのイメージについてさまざまな現象を紹介してきた。多くの人がさまざまな色や形にある程度共通したイメージを形成

したり、異なるイメージを形成したりするというのは、不思議なことかもしれない。これを完全に説明する理論はまだないと考えられているが、いくつか有力な説が存在する。ここではそれらを見てみよう。

3.1　生態学的誘発性理論

　イメージの形成について説明する理論の一つが、生態学的誘発性理論（Palmer et al., 2010）である。この理論では、色の好き嫌いのイメージを、その色に結びついたモノや出来事の印象の積和平均として説明する。僕シンリの赤に関する記憶で言えば、小学校1年生のときの予防接種で針穴から1mmほど血が出ているのを見て気を失いかけたことがある。しかしトマトは常に常備しているくらい大好きだから、赤は全体としてはちょっと好きくらいになると思われる。このような記憶が、それぞれの記憶の感情の強度と色との結びつきの強さに応じて赤のイメージを形成していると考えるのが生態学的誘発性理論である[注1]。

　なお、この好き嫌いといったイメージは固定されているものではないと考えられている。季節や地域といったそのときどきに接触・想起するモノに応じて変化することが知られている（Schloss et al., 2017）。たとえば、スタンフォード大学とUCバークレーの学生にさまざまな色の好ましさを尋ねたところ、UCバークレーの学生は金色、スタンフォードの学生は赤色と、それぞれの校章に入った色を他の学校の学生に比べてより高く評価した。また、愛校心が強い人ほど、自校の校章に含まれる色を高く評価する傾向があった（Schloss et al., 2011）。これはどの学校に属するか、学校との関係はうまくいっているかといった一時的な要因が色の好ましさに影響することを示しているだろう。

　人がこれまでの経験によってイメージを形成するということは、このような時間による変化や文化の差だけではなく、文化を越えた共通性も説明するかもしれない。たとえば人は怒りを覚えると血流量が増加するため顔が紅潮し、恐れを覚えると末梢の血管への血流が抑制されるため青ざめて見える。これは文化を超えて人に共通して起こる。このような人共通の体験が記憶として残り、色を見たときにそれと結びついた一連の場面や出来事の印象を連想するために、文化を越えて多くの人が赤に怒りのイメージをもっていると考えられる。

3.2 進化的遺伝による説明

　この生態学的誘発性理論のようにイメージ形成の源を経験に求める理論のほかに、生得的なものにイメージ形成の源を求める理論もある。たとえば、色のイメージは多少の文化の影響は受けるものの、乳児を含めて人は、緑よりも赤を好み、黄色よりも青を好むことが多い。また、ヒヒなどの霊長類のなかには、身体の特定部位の赤色の濃さやその部位の大きさが群れの中での順位を表すという研究もある（Setchell et al., 2001）。これらのことは、色が生得的に特定のイメージと結びつき、人に限らず多くの種で、種内のコミュニケーションの基盤として利用されている可能性を示唆している。

　たしかに、人や動物が、生まれながらにして顔（たとえば、点が逆三角形に3つあれば顔に見える）やヘビといった一部の形に対して顕著に反応することが知られている。このような敏感性は、これらの刺激が生存に重要な情報であったこと、たとえば人がヘビに敏感なのは、集団で樹上生活をしていた人類の祖先にとって、天敵であったヘビをいち早く検出することが生存するうえで重要だったことに起因するかもしれない（川合, 2011）。また、人が顔に敏感なのは、集団生活を送る人にとって他者の表情を理解することは重要であり、また子孫を残すうえでも、顔から大人と子どもを識別して、子どもに対しては共同で援助を与えることが有効であったことに起因するかもしれない。実際、幼児性の高い顔は「カワイイ」という印象を引き起こし、援助等を誘発することが知られている（Borgi et al., 2014）。

　このような進化の過程で形成された遺伝的な認知特性によってさまざまなモノに対する嗜好性が説明できるという主張もある。その一つがサバンナ仮説である。この仮説によると、ヒトがサバンナのような場所で生活をしていたころに形成された景色に対する嗜好性が現在の人の認知にも影響を与えているとされる。大昔ヒトは、木立などがあって適度に隠れることができ、かつ敵を見つけたり敵から逃げたりしやすい場所を選び（選択）、獲物や敵、資源が見渡せることを考慮し（情報収集）、総合的なリスクとベネフィットを計算して住む場所をよって決定する（損得計算）傾向のある者が生き残りやすかった。よって、人は現在でもこの認知特性をもち、適度な遮蔽物のあるある程度開けた場所や、周囲全体を一望できる場所を好むというのである（Orians et al., 1992）。

　これらの主張は、経験的には理解できる。たとえば、適度な遮蔽物のあるある程度開けた場所とはまさに庭園であり、周囲全体を一望できる場所とはまさ

にタワーマンションの上層階だろう。休暇の際には森林や公園といった緑の多い自然環境に出かけていく人も少なくないし、風景写真は子どもから大人まで人気がある（Bernaldez et al., 1987）。都会の景色より自然の景色のほうが健康に良い影響を与えるという研究（Velarde et al., 2007）や、ストレス下においても自然の景色を見ている場合には苦痛が少なく（Ulrich, 1986）、幸福感を高めるという研究（van den Berg et al., 2007）、そして自然を見れば脳の中でも快に関する部位が活性化しているという研究（Biederman et al., 2006）も、このことを支持している。また、画家の描く作品の構造を数量的に分析すると、自然が一般的にもっている構造とほぼ同じ構造を潜在的にもっているという研究の報告もある（Redies et al., 2008）。これらは、人の祖先が以前暮らした環境でどのような環境に移動すればよいかという行動指針が、嗜好性として私たちに保存されている可能性を示している。

　このような遺伝的・進化的な考え方は、文化を超えた嗜好性を説明するのには向いている。たとえば、複数の文化圏に属する人にさまざまな商品（鏡や籠、ろうそくなど）を、角張ったものと丸みのあるものの対で提示してどちらかを選んでもらうと、文化圏を超えて、人は、角張ったものより丸みのあるものを選ぶ傾向（55 ～ 59％で丸みのあるほう）があることが報告されている（Gómez-Puerto et al., 2018）。これは、文化を越えて、人類の祖先にとっては丸みを帯びたものは何らかの生存的な価値をもっていたことを表しているのかもしれない。

　ただし、近年では、進化のなかで獲得され遺伝されるイメージは生まれてから経験によって獲得されるイメージに比べると、嗜好性に与える影響は小さいのではないかという指摘もある。たとえば、従来主流であった考え方では、大昔男性は森や海で狩猟を行っていたため緑や青色を好み、女性は採集を多く行っていたため木の実に多い赤を好むようになったと説明されてきた。しかし、近年の研究では、幼児で色の好みに性差は認められず、従来見られた色の嗜好性の性差は、少なくともかなりの部分が、文化的な影響であった可能性が示唆されている（森ほか, 2011）。

3.3　脳の特性による説明
　これまでの説明は、イメージが何らかの生存的価値と結びついている、または少なくとも結びついていた可能性を示唆するものであるが、なんらかの偶発

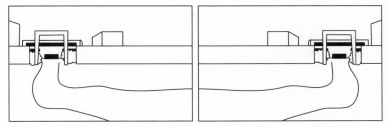

図4-5 位置によるイメージ（椎名ほか，2005をもとに作成）

的な結果がイメージに影響している可能性もある。その一つが脳の構造である。

　図4-5を見てほしい。この2つの図は、一つの図を左右反転したものである。しかし両者は、そのようには見えないと思う。たとえば、奥にある建物は、どちらのほうが近くに見えるだろうか？　そもそも左の建物のほうが少し大きく見えるかもしれない。このような、画面の左右で異なる印象を与える現象（同じ絵画や顔写真でも左右反転するとまったく印象が異なることがある）は、古くは人の視線が画面の左下から右上に動くからだと説明されたり（グランスカーブ；Gross et al., 1978）、空間的な情報処理は大脳の右半球が優位であるため、右半球が処理する視野の左半分のほうが早く処理されるからだと説明されたりしてきた（Levi et al., 1976）。

　たしかに最近の視線記録装置を用いた研究でも、写真を見るとき最初に左側に目を向けがちであることが指摘されているが（Foulsham et al., 2018）、単純な脳機能の左右差による説明だけではなく、遺伝子や文化（文字方向）の影響も重視されている（Karim, 2016）。たとえば、左から右に文字を書く文化（英語など）では、「押す」や「引く」といった動作を行っている人物を描画するように言うと、左側から右側に働きかけるように描かれ（Chatterjee et al., 1999）、過去の出来事と未来の出来事はそれぞれ画面の左、右に表示されたときに早く反応することができることが報告されているが（Santiago et al., 2007）、右から左に文字を書くアラブ語圏では、逆である可能性が示唆されている（Tversky et al., 1991）。

　また、近年、脳の特性が印象に与える影響として、偏頭痛（Migraine）アートと呼ばれる、見る者に偏頭痛や不快感を引き起こしやすい特性をもった絵画の存在が知られている（Podoll et al., 2008）。この絵画は角度1度あたりに3サイクルの空間周波数の上下1オクターブの要素を多く含み、偏頭痛で悩まされ

た画家、ゴッホ，デ・キリコ，ピカソの絵にはこの特性をもった絵画が多いという（今泉ほか，2014）。これは、なんらかの生存上の機能の結果と考えるより、その副産物と考えた方がいいだろう。

3.4　文化的象徴による影響

これまで紹介した理論は、無意識的なレベルでの体験をもとにイメージが形成されることを説明しているが、ある程度意識的な思考も類似関係や因果関係、そして文化的関連づけといった象徴機能・記号機能を通してイメージに影響を与えると考えられる。

このような象徴や記号を考える際に、パース（C. S. Pearce）が行った概念整理が役に立つ。パースは、記号を、アイコン、インデックス、シンボルに分けて説明している。アイコンとは類似関係である。たとえば似顔絵は本人と直接的な因果関係はないが似ているためにアイコンである。インデックスとは因果関係である。たとえば傘は雨の、笑顔は成功のインデックスであり、両者に直接的な類似性はないが、因果関係があるためにインデックスと呼ばれる。シンボルとは類似関係も因果関係もない恣意的な結びつけである。たとえば○や×は、「はい」や「いいえ」と直接的な関係はなく、恣意的に結びつけられただけである。

たとえば箱庭療法の研究では、橋は変容の象徴で、ガソリンスタンドはエネルギーの充電の象徴として扱われることがあるが、これは橋が異なる地域を結ぶものであり、ガソリンスタンドが車の燃料を補給することに起因するだろう。

シンボルの役割は、従来宗教画を中心とした西洋絵画において特に大きかった。たとえば、「絵画中で○○をもっている人は○○を表す」というのは、その例であろう。あるモノが、その物とは本来関係のない意味をもつというのは、そのような宗教画だけに留まらない。近年では、たとえば、特定の食品（少し古い例で言えばタピオカ）がポップさや楽しさに、特定の場所が高級さに、特定の服の着方が年配のイメージにといったように、メディアによってさまざまなモノが恣意的に意味づけられ、それが共有されていると考えることができる。

アルトちゃん　嗜好性とか異方性とか象徴とか記号とかって難しくてこんがらがるけど要するに、心に思い浮かべることが全部イメージなのか。それがあらゆるものにひっついている ･･･ なんだか、幽霊みたいだ。そ

りゃあ、簡単ではないね。絵の構図とか決めるのにも、いちいち考えたりはしないけど、感覚でやってることにもこう、実は奥深いものが私を動かしているってことかな。それに、イメージって、見ることとも似ているような気がする、距離がなければイメージってわかないような気がしない？

　シンリ君　そうそう、離れているからイメージする余白があるんだよね。僕は、今とても好きな人がいるんだけど、たぶん、その人は昔会ったけど今は会えない別の誰かをイメージさせるからかもしれない。

　アルトちゃん　え、だれ！？

　シンリ君　はは、まだ秘密だよ。

　アルトちゃん　私にも秘密なの!?　しょうがない ･･･。あとイメージといえば 夢。いつも思うけど、あれってほんとに不思議なんだよなあ。

　シンリ君　心理学のなかでも力動心理学 [注2] と言われる分野でも夢を扱うよね。昔みたいに「この夢はこの意味」みたいな安直な夢分析は流行らないけど、イメージはある意味変異自在で、直接的には語りにくいあるものが別のものとなって現れるというのはよくあることだと思うな。

　アルトちゃん　なんかそれ知ってる。ユングっていう人が世界中の物語や昔話を分析して、影とかグレートマザーとか老賢者とか、トリックスターとか、共通のテーマを見つけて集合的無意識 [注3] の元型 [注4] として提案したんだっけ。

　シンリ君　そうそう。グレートマザーは、時に山姥として、時に魔女として、時に大ネコの姿で現れるけど、イメージとしては共通だよね。

　（清掃の男性と女性が話し合って、たぬ吉の口に何か引っかかっているようなので、道具を借りに守衛さんのところに一緒に行くことになる。）

　アルトちゃん　たぬ吉は人間だったらどんなだろうな。

コラム　**SD法とは**

　SD法（Osgood, 1962）とは、良い－悪いなどの形容詞対を用いて、対象となるもののイメージの差異化を測定する方法である。井上ほか（1985）は、人格・社会・教育など9分野に分けて、よく使われる形容詞対を整理しているが、これによると、芸術分野で使われることの多い形容詞対は、多いものから順に「美しい－醜い」「明るい－暗い」「陽気な－陰気な」「やわらかい－かたい」「面白い－つまらない」「たくましい－弱々しい」「動的な－静的な」

「派手な－地味な」「楽しい－苦しい」などである。回答者は、それぞれの対象に関し、各形容詞対のどちらに近いか5段階や7段階で回答する（「美しい12345醜い」など）。

　これらの回答は、因子分析という統計の方法によって処理され、人がこれらの対象を判断する際にどのような評価軸で評価を行っているかという構造を明らかにするために用いられることが多い。一般的なSD法では、評価性（良い－悪いなど）、力量性（強い－弱いなど）、活動性（積極的な－消極的ななど）の3次元が見出されるが、映画や音楽、形や色なども含めて分析した大山たち（1993）は、評価性と活動性はそのままであるが、力量性の因子が二つに分かれ、軽明性因子（軽い－重い、明るい－暗い、陽気な－陰気な）と鋭さ因子（鋭い－鈍い、緊張した－ゆるんだ）が認められたことを報告している。

コラム　擬音語・擬態語

　日本語は擬音語、擬態語の種類や使用頻度が多いと言われる。擬音語や擬態語は定義された意味ではなく、感覚を直感的に伝えることができる表現であり、身振りとの関連性も指摘されている（喜多, 2002）。

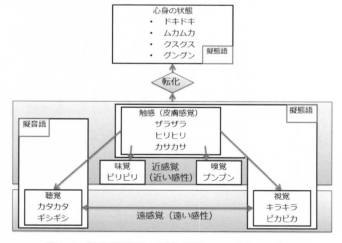

図4-6　擬音語擬態語の関係（苧阪, 2010をもとに作成）

擬音語・擬態語469語を五感に分類した研究（苧阪, 1986）によると、擬音語・擬態語のうちの約30％は主に聴覚に基づいており、30％は主に視覚に、残りの30％が主に触覚や皮膚感覚に基づいていたという。それらの言葉は、そのもともとの感覚モダリティだけを示すのに用いられるのではなく（苧阪の言葉では「基本カテゴリー」）、他の感覚や心情等を表現するのにも用いられていることが示されている（「転化カテゴリー」：図4-6）。

【注】
[1] ただし、ヨコサワら（Yokosawa et al., 2016）の研究では、アメリカ人を対象とした調査に比べ日本人を対象とした調査では期待された効果は認められなかったことが報告されている。その理由の1つとして、この著者らは、日本では、個々の体験よりも色の象徴性についての共通認識が強いからではないかと考察している。
[2] 力動心理学とは、人を突き動かす動因に重きを置いた心理学の考え方の一つで、一般的には、精神分析学のフロイト（S. Freud）や、分析心理学のユング（C. G. Jung）の流れを汲む心理学を指すことが多い。フロイトらは、この動因として、無意識（エス）のなかにある性への欲動（リビドー）や攻撃の欲動（死の欲動）というエネルギーを仮定した。しかし、このような欲動は社会的には認められないので、抑圧できなくなれば、超自我による監視のもと、さまざまな形で、適応的（たとえば制作やスポーツによる昇華）・非適応的（退行・代償など）に変換されて現れてくると考えたのである。
[3] 文化や民族を超えて人類が先天的に共有する構造。
[4] 集合的無意識の中に存在する（「自我」という元型を除く）と仮定される、典型的なイメージを生起する源となる存在。

【引用文献】
Bernaldez, F. G., Gallardo, D., & Abello, R. P. (1987) Children's landscape preferences: From rejection to attraction. *Journal of Environmental Psychology, 7*(2), 169-176.
Biederman, I., & Vessel, E. A. (2006) Perceptual pleasure and the brain: A novel theory explains why the brain craves information and seeks it through the senses. *American scientist, 94*(3), 247-253.
Bolander, K. (1977) *Assessing Personality Through Tree Drawings.* New York: Basic Books.〔ボーランダー，K，／高橋依子（訳）(1999)『樹木画によるパーソナリティの理解』ナカニシヤ出版.〕
Borgi, M., Cogliati-Dezza, I., Brelsford, V., Meints, K., & Cirulli, F. (2014) Baby schema in human and animal faces induces cuteness perception and gaze allocation in children. *Frontiers in psychology, 5,* 411.
Chatterjee, A., Southwood, M. H., & Basilico, D. (1999) Verbs, events and spatial representations. *Neuropsychologia, 37*(4), 395-402.
Elliot, A. J., Maier, M. A., Moller, A. C., Friedman, R., & Meinhardt, J. (2007) Color and psychological functioning: The effect of red on performance attainment. *Journal of experimental psychology: General, 136*(1), 154.

Elliot, A. J., & Aarts, H. (2011) Perception of the color red enhances the force and velocity of motor output. *Emotion, 11*(2), 445-449.

Foulsham, T., Frost, E., & Sage, L. (2018) Stable individual differences predict eye movements to the left, but not handedness or line bisection. *Vision research, 144*, 38-46.

Gnambs, T., Appel, M., & Batinic, B. (2010) Color red in web-based knowledge testing. *Computers in Human Behavior, 26*(6), 1625-1631.

Gómez-Puerto, G., Rosselló, J., Corradi, G., Acedo-Carmona, C., Munar, E., & Nadal, M. (2018) Preference for curved contours across cultures. *Psychology of Aesthetics, Creativity, and the Arts, 12*(4), 432-439.

Gross, C. G., & Bornstein, M. H. (1978) Left and right in science and art. *Leonardo, 11*(1), 29-38.

Hill, R. A., & Barton, R. A. (2005) Red enhances human performance in contests. *Nature, 435*(7040), 293-293.

今泉修・岩谷明・日比野治雄・小山慎一 (2014)「Migraine Art の空間周波数特性：画家の個人差と視覚的不快との関連」『日本心理学会第78回大会大会発表論文集』

井上正明・小林利宣 (1985)「日本における SD 法による研究分野とその形容詞対尺度構成の概観」『教育心理学研究』33(3), 253-260.

Karim, A. R., Proulx, M. J., & Likova, L. T. (2016) Anticlockwise or clockwise? A dynamic Perception-Action-Laterality model for directionality bias in visuospatial functioning. *Neuroscience & Biobehavioral Reviews, 68*, 669-693.

川原繁人 (2017)『「あ」は「い」より大きい!？：音象徴で学ぶ音声学入門』ひつじ書房.

川合伸幸 (2011)「ヘビが怖いのは生まれつきか？：サルやヒトはヘビを素早く見つける」『認知神経科学』13(1), 103-109.

喜多壮太郎 (2002)『ジェスチャー：考えるからだ』金子書房.

Köhler, W. (1947) *Gestalt psychology* (2nd ed.). New York: Liveright.

Levi, J. (1976) Lateral dominance and aesthetic preference. *Neuropsychologia, 14*, 431-445.

Meier, B. P., Sellbom, M., & Wygant, D. B. (2007) Failing to take the moral high ground: Psychopathy and the vertical representation of morality. *Personality and individual differences, 43*(4), 757-767.

宮田久美子・大山正 (2012)「象徴語からの連想色：男女大学生と高年齢者について」『日本色彩学会誌』36, 110-111.

森俊夫・齋藤益美・梶浦恭子 (2011)「幼児の嗜好する色彩特徴」『岐阜女子大学紀要』40, 45-51.

長町三生 (2005)『商品開発と完成』KAIBUNDO.

苧阪直行 (1986)「擬音語・擬態語の感覚尺度 -1- ことばの精神物理学：連想順位表に基づく分析」『追手門学院大学文学部紀要』(20), 21-61.

苧阪直行 (2010)「感性言語：擬音語・擬態語と脳」三浦佳世（編）『知覚と感性』(pp.156-184). 北大路書房.

Orians, G., & Heerwagen, J. H. (1992) Evolved responses to landscapes. In J. H. Barkow, L. Cosmides, & J. Tooby (Eds.), *The adapted mind: Evolutionary psychology and the generation of culture.* New York: University Press.

Osgood, C. E. (1962) Studies on the generality of affective meaning systems. *American Psychologist, 17*, 10-28.

Oyama, T., Agostini, T., Kamada, A., Markovic, S., Osaka, E., Sakurai, S., Sarmany-Schuller, I., & Sarris, V. (2008) Similarities of form symbolism among various languages and geographical regions. *Psychologia* (Kyoto), *51*, 170-184.

Oyama, T., Miyano, H., & Yamada, H. (2003) Multidimensional scaling of computer-generated abstract forms. In H. Yanai, A. Okada, K. Shigemasu, Y. Kano, & J. J. Meulman (Ed.), *New developments in psychometrics* (pp.551-558). Osaka: Springer.

大山正・瀧本誓・岩澤秀紀 (1993)「セマンティック・ディファレンシャル法を用いた共感覚性の研究：因子構造と因子得点の比較」『行動計量学』*20*, 55-64.

Palmer, S. E., & Schloss, K. B. (2010) An ecological valence theory of human color preference. *Proceedings of the National Academy of Sciences, 107*(19), 8877-8882.

Podoll, K., & Robinson, D. (2008) *Migraine art: The migraine experience from within.* North Atlantic Books.

Redies, C., Hasenstein, J., & Denzler, J. (2008) Fractal-like image statistics in visual art: Similarity to natural scenes. *Spatial Vision, 21*(1-2), 137-148.

Santiago, J., Lupáñez, J., Pérez, E., & Funes, M. J. (2007) Time (also) flies from left to right. *Psychonomic Bulletin & Review, 14*(3), 512-516.

Sapir, E. (1929) A study in phonetic symbolism. *Journal of Experimental Psychology, 12*(3), 225-239.

Schloss, K. B., Nelson, R., Parker, L., Heck, I. A., & Palmer, S. E. (2017) Seasonal variations in color preference. *Cognitive Science, 41*(6), 1589-1612.

Schloss, K. B., Poggesi, R. M., & Palmer, S. E. (2011) Effects of university affiliation and "school spirit" on color preferences: Berkeley versus Stanford. *Psychonomic bulletin & review, 18*(3), 498-504.

Setchell, J. M., & Dixson, A. F. (2001) Changes in the secondary sexual adornments of male mandrills (Mandrillus sphinx) are associated with gain and loss of alpha status. *Hormones and Behavior, 39*(3), 177-184.

柴崎全弘 (2017)「ヒトはなぜ赤に反応するのか？：赤色の機能に関する進化心理学的研究」『名古屋学院大学論集　社会科学篇』*54*(1), 81-96.

椎名健・志賀祐美子 (2005)「表示画面位置の感性表現特性」『日本認知心理学会発表論文集』日本認知心理学会第3回大会, 34.

杉本絢奈・本元小百合・菅村玄二 (2016)「右に首を傾げると疑い深くなる：頭部の角度が対人認知, リスクテイキングおよび批判的思考に及ぼす影響」『実験社会心理学研究』*55*(2), 150-160.

丹野眞智俊 (2003)「日本語音韻における音象徴の存在」『児童教育学研究』*22*, 1-10.

Tversky, B., Kugelmass, S., & Winter, A. (1991) Cross-cultural and developmental trends in graphic productions. *Cognitive psychology, 23*(4), 515-557.

Ulrich, R. S. (1986) Human responses to vegetation and landscapes. *Landscape and urban planning, 13*, 29-44.

Van den Berg, A. E., Hartig, T., & Staats, H. (2007) Preference for nature in urbanized societies: Stress, restoration, and the pursuit of sustainability. *Journal of social issues, 63*(1), 79-96.

Velarde, M. D., Fry, G., & Tveit, M. (2007) Health effects of viewing landscapes: Landscape types in environmental psychology. *Urban Forestry & Urban Greening, 6*(4), 199-212.

Velasco, C., Woods, A. T., Wan, X., Salgado-Montejo, A., Bernal-Torres, C., Cheok, A. D., & Spence, C. (2018) The taste of typefaces in different countries and languages. *Psychology of Aesthetics, Creativity, and the Arts, 12*(2), 236-248.

Yokosawa, K., Schloss, K. B., Asano, M., & Palmer, S. E. (2016) Ecological effects in cross-cultural differences between U.S. and Japanese color preferences. *Cognitive Science, 40,* 1590-1616.

5章 美的なバランスの起源
── 偏りはこの期におよんで何を語るのか

（シンリ君、アルトちゃん、清掃担当の八木さん、田中さん、たぬ吉の一行が守衛室につくと、守衛さんが「ポラキチ、どうした？」と声をかけてくる。シンリ君が、たぬ吉（ここではポラキチ）の顔を覗き込むと、片側の頬が腫れあがって、顔が左右非対称になっているように見える。アルトちゃんもそのことに気づく。）

アルトちゃん　さっきまで気づかなかったけど…。たぬ吉、何か
病気なのかな。（たぬ吉に）いつもの中途半端に整った顔はどうした？
（守衛室の人「中尾さん」はネコの扱いに慣れているようで、手際よくたぬ吉を抱えて口を開けさせると「これかな…。ちょっと痛いけど我慢な」と言いながら、どこから持ち出してきたのかピンセットをたぬ吉の口の中に突っ込んでいる。アルトちゃんもシンリ君もちょっと緊張が解けて、地べたに座り込む。）

アルトちゃん　ふう。重かった。たぬ吉、顔歪んじゃってたね、例の心理学の本では、変な図形を枠の中に配置して、これがバランスが良いとか悪いとか書いてあったけどさ、あれって何の意味があるの？　ああやって抽象化した理論って実際に絵を見たり描いたりすることをつまらなくすると思う。実践とは常に片想いの愛である。実践なき理論は害悪である。あ、今私いいこと言った。

シンリ君　ふふ、理論なき間違った実践は独りよがりかストーカーかってね。僕もいいこと言った（**アルトちゃん**　ムスッ）。まあそうだよね。現実にはありえない図形を見て良いとか悪いとかって、心理学の人以外から見たら何の意味があるかわからないよね。でもあれって、個々の実験で、こっちよりこっちのほうがいいという個別の知識に意味があるのではなくて、ああいう実験を通して、人間がどういう在りようのものとして存在するのかという大きな問いに答えようとしているんだ。たとえば、美しさを感じるのだって進化の副産物だという考えもある。

人は「美しい」という一種の感情をもつ。どのようなものに対して美を感じるのかに、何らかの法則性はあるのだろうか。それとも、結局何に美しさを感じるのかはまったくのでたらめなのだろうか。

（シンリ君、意気揚々と説明モードに入る。）

1　適応方略としての美

ラマチャンドラン（Ramachandran, 2003; Ramachandran et al., 1999）という人は、美を感じるのは進化的な適応の結果であるという観点から美の10法則というものを提案している。美を感じやすくなる要因というのは、必ずしもこの10個ではないし、この10法則が一般的なわけではないのだが、わかりやすくまとめているという点では優れているので、まずはこの10法則を紹介する。

1　シンメトリー（対称性）　人をはじめ多くの種の身体は、おおよそ左右対称になっていることが多い。そしてその身体が左右非対称になるのは、何らかの深刻な病気や怪我などが原因であることがある。実際には身体が左右非対称であっても本人や子孫の健康に何の影響もないことも少なくないかもしれない。しかし、全体として、ヒトの祖先の哺乳類が配偶者を選択する際に、左右対称を好む者が比較的生き残りやすかったために、私たちも生得的に、左右対称であることを好ましく感じる性質をもっていると考えられている。また、人が作る道具や住居に関しても左右対称が有効な形であることは少なくない。機能的な道具を作ろうとすれば（椅子や机などを思い浮かべるとわかりやすい）、特に理由がなければ、左右対称に作ったもののほうがより安定し、実用的であるだろう。

2　グループ化　人は一見バラバラな情報をまとめることができたときに快を感じる。自然界に棲む動物は、網膜上の光の羅列にすぎない世界の中から、有意味な刺激、つまり、エサとなるものや、外敵を見つけ出せなければならない。光の羅列の中に特定のパターンで同時に動く一群の光があるとすれば（たとえば一連の点が同時に左方向に動くなど）、それは何らかの動物である可能

性が高い。その動く一群の光を、単なる点の羅列の中から独立させて一つの個体として識別することは、動物にとって重要な意味をもつだろう。また、一斉に同じ方向に動く魚や鳥、獣の群れに法則性を見つけて一つの固まりとして判断することは、バラバラな動きとしてみるよりも、情報量の縮約になり、それが認知的負荷の軽減につながる。そのために、人は複数の刺激をまとめてグループ化できた場合に、「アハ体験」と呼ばれる「そうか、わかった」という一種の快感情をもつと考えられている。

　3　**反復・リズム・秩序性**　ラマチャンドランはこの「反復・リズム・秩序性」について詳しく述べていないが、秩序性の高いものを作り出す能力は、人の祖先にとってもより安定したものを作り出すうえで必要な能力であったために、今の私たちも、反復するもの、リズムをもつもの、秩序性が高いものに対して、快の感情をもちやすいのだろう。

　「グループ化」「シンメトリー」「反復・リズム・秩序性」は、近年では、「秩序」と「複雑性」という二つの概念で整理されることも多い。ゲールトら（Van Geert et al., 2020）は、秩序を「情報の構造および組織化に関するもの」と定義し、複雑性を「情報の量と多様性」と定義しており、秩序と複雑性は相互に独立していると考えることも一つの対の両端だと考えることもできる。この2種が共存可能であるという立場では、複雑（要素が多様）で配置が無秩序な場合、複雑だが配置が秩序だっている場合、単純（要素の多様性が低い）だが無秩序な場合、単純で秩序だっている場合をそれぞれ想定することができるだろう（図5-1）。

　秩序や多様性が美的感覚とどのような関係にあるかについてはさまざまな研究がなされているが、一般的には後述するように「統合性（≒秩序）の中の多様性」（Post et al., 2016）という言葉が示すように、この両者の適度な共存が美的感覚を高めると主張されている（Post et al., 2017）。

　他方、秩序と多様性は相互に独立しておらず、共変化するものだという考え方もある。たとえば、「グループ化」「シンメトリー」や後述のフラクタル構造などは複雑性を下げるのに貢献するが、同時に秩序の上昇にも影響するので、この場合、「秩序」と「複雑性」は実質的に同時に変化するものとなる。この立場からは、美的感覚には両者のバランスが重要で、どの程度がよいバランスかは、鑑賞する個人によって異なり、経験等の要因に応じてある人はより複雑／無秩序なものを、ある人は単調／秩序のあるものを好むと考えられている

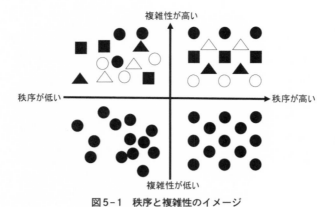

図5-1　秩序と複雑性のイメージ

図5-2　知覚の問題解決の例

(Van Greet et al., 2020)。

　他方で、上記の両理論とも、主に視覚刺激としての複雑性・秩序について論じたものであるが、視覚刺激としての複雑性（色や形の多様性）と表現内容としての複雑性（思考促進性）は分けて考えるべきで、重要なのは表現内容の複雑性の方だという指摘もある（Jakesch et al., 2015; Commare et al., 2018）。

　4　知覚の問題解決　「グループ化」もある種の知覚の問題解決であるが、知覚の問題解決はこれだけに留まらない。何を見ているのかわからないものが何かわかったとき（たとえば図5-2）、前に述べたように（2章）視覚像に複数の解釈がありえるときに、何らかの決定的な解釈を行うことができたときに、人は快を感じる。このように快を感じるのは、先ほどのグループ化同様、光の羅列の中から何らかの意味を見出すことが人にとって重要であったからだろう。

　5　コントラスト　前に話したように、人にとって輪郭の把握は重要な意味をもつ。その輪郭は、光（色）の明度や色相の違いから検出されるので、人にとって、変化のない均一な光や変化が不明瞭な光よりも明度や色相の変化が明

快な光のほうが情報が豊かだということになる。また、コントラストは、人が対象を見る際にもちいる座標軸の拡大にも関わる。たとえば、自然物ばかりが置かれた空間に人工物が一つ置かれることで、自然物－人工物という軸が作られ、その空間は、自然物だけの空間よりも情報が豊かになる。たとえば、コントラストのはっきりしたデザインは、そうでないデザインに比べて、理解を促進しやすいことが多い。そのためコントラストは、人に快をもたらすと考えられている。

　6　ピークシフト　これはもともと一つの動物実験の知見がもとになっている（Hanson, 1959）。ハトを対象にしたこの実験では最初に550nmの光が提示されたときには指定の場所をつつくと報酬（エサなど）が得られ、555nmの光が提示されたときには同じ反応をしても報酬が得られないことを学習させる（弁別課題）。するとハトは550nmの光が呈示されたときに、指定の場所をつつくようになる。この学習が確認された後、このハトにさまざまな光を呈示すると、550nmのとき以上に540nmの光に強く反応するようになった。この結果は二つのことを示している。一つは、動物は、一個一個の刺激単体に対する反応を学習するのではなく、その刺激と類似したより広く一般的な刺激に対する反応（550nmの光に対する反応だけではなく、540nmなど他の周波数の光に対する反応）を学習するということである。だから、ある赤い木の実がおいしければ、それとわずかに色が違っていても似た色の木の実はおいしそうに見えるだろう。これは「（刺激）般化」と呼ばれる現象であり、先ほど紹介した実験ではこれが起こったと考えられる。もう一つは、二つの刺激のうち、一方の刺激に反応する場合に比べて、もう片方の刺激に反応することでよりポジティブな体験をした場合には（弁別課題）、その後、ポジティブな体験をした刺激そのものではなく、その刺激の特徴をネガティブな体験をした刺激と逆方向に強調した刺激に、より強い反応をするようになるということである。これがピークシフトと言われる現象である（なお、その影響は、当初の弁別課題の刺激の差異が小さいほど、つまり550nmと560nmの弁別課題後よりも550nmと555nmの弁別課題後のほうが強くなる）。

　ラマチャンドランは、このピークシフトの影響をインドのチョーラ朝のブロンズ像における姿勢や体型の女性性の誇張に見ることができると指摘している。現在の日常生活においても、たとえば、メイクによる目の大きさの強調や、アニメ等のキャラクターの足の長さや顔のサイズの誇張（「格好いいキャラク

ター」は現実にはないくらい足が長く、子ども向けの「かわいい」キャラクター
は現実にはないくらい顔や目が大きい）など、あらゆるところでこのピークシ
フトを目にすることができる。このように、通常自然に存在する刺激以上に強
い反応を引き起こす刺激を、超正常刺激と呼ぶ。たとえば、鳥のなかには、巣
から転げ出た卵を巣に戻そうとするときに、卵の形さえしていれば実際の卵に
はない大きさのものであっても、より大きいものを選んで戻そうとするものも
いる。

　　7　**単離**　「単離」はさまざまな要素があるもののなかから主要な要素を取
り出すことを指す。これも、上記6のピークシフトと同様に動物の実験の結果
が例証に使われている。ヒナが親鳥のくちばしをつついてエサをねだる傾向を
もつカモメについてのある研究では（Tinbergen, 1963）、親鳥のくちばしを模し
たさまざまな模型を提示して、ひな鳥の反応を分析した。その結果、実物に近
い形の頭部と赤い斑点が一つ入った黄色いくちばしを模した模型と、赤い斑点
が一つ入った黄色いくちばしの部分だけを模した模型とで反応が変わらず、頭
部やくちばしの形態をなんら残していない、複数の赤い斑点が入った黄色い棒
の模型のほうにより強く反応する傾向がみられた。このことは、不必要な要素
をそぎ落として主要な要素を強調することでより強い反応が得られる可能性を
示している。すべてのものをそのままに映し出す写真よりも、そのなかから画
家にとって重要だと感じられる要素を抽出し、他を捨象して描き出した絵画の
ほうが、見る人により強い印象をもたらすことは少なくない。これは単離の効
果だと考えられる。

　　8　**偶然の一致を嫌う／一般的な見た目**　図5-3を見てほしい。もし実際に
描きたいものがこの図の右にあるような二つの物体であったならば、それはそ
のまま右のように描かれるのが自然であり、たとえ、図の左のような状態にな
る瞬間があったとしても、左のように描かれてしまうと気持ち悪さを覚えるだ
ろう。同様に、車窓から外の景色を見ているときに、図5-4のように、家の軒
と道路の輪郭が一直線に見え、山並みのちょうど間に家が見えることがあると
しても、それをそのまま表現してしまうと、その表現に特別な意味がない限り、
人はそこに不自然さや気持ち悪さを覚える。これは、人が一般的な状態を把握
することを好むからであると考えられる。

　　9　**バランス**　さきほど（4章）空間的位置がイメージとしても機能すると話
したが、アートやデザインで空間が問題となるのはバランスのほうかもしれな

図5-3　一般的な見た目（Ramachandran et al., 1999をもとに作成）

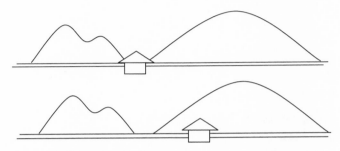

図5-4　偶然の一致を嫌う（Ramachandran et al., 1999をもとに作成）

い。図5-5の（a）のように、画面の少し偏った位置に一つ何かがあれば、何となくバランスの悪さを感じるだろう。

　ラマチャンドラン自身はバランスについてあまり言及していないが、このバランスについて美術心理学者アルンハイム（Arnheim, 1954）は、画面においては、図5-6の円や線の中心方向へ引っ張られるような力がはたらいているという考え方を提案している。ただし、彼は、この力について、他の要素との関係にも影響を受けるとも述べている。たとえば、図5-5の（b）のように、画面上の位置において対称に二つの点があれば安定を感じやすい。しかし同じ2個でも（c）のようにずれると不安定さを感じるだろう。このような中心を好む傾向（中心バイアス）は、かなり広く見られる現象であり、たとえば、肖像画の場合、正面を向いた顔は画面中央の線上に片目が描かれることが多い（Tyler, 1998）。しかし、右を向いた顔の場合は中央より左に置かれることが好まれる（Wickens et al., 2008）など、普段よく目にする角度や位置がどうか（たとえば天井の照明器具は画面中心より上に描かれやすいといった生態学的バイアス：

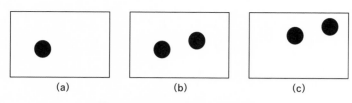

図5-5　画面上の対象にはたらく力

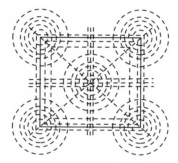

図5-6　画面上においてはたらく構造地図（Arnheim, 1954をもとに作成）

Sammartino et al., 2012a）や何を表現したいか（たとえば画面の左から右に走っている馬を1頭描く場合、それが競馬で1位の馬を示すなら画面右に、ビリなら画面左に付置することが好まれるといった表現的適応：Sammartino et al., 2012b）によっても大きな影響を受ける。

　10　視覚的「メタファー」　視覚的メタファーとは、ある対象を描く際に本来はそこにないものを視覚的に加えることで、その対象の中のある側面を強調することである。ラマチャンドランは、千手観音のようなインドの仏像についてその多数の手がメタファーであると説明しているが、たとえば、風神雷神図のように、風や雷に視覚的な形を与えること自体、メタファーと言えるだろう。なぜ、メタファーが人に快を与えるかについて、ラマチャンドランは、対象の特徴を強調して別の部分を捨象することで対象を効率的に捉えることができるからであると指摘している。

　　アルトちゃん　シンメトリーは古い西洋建築ではたしかにときどき見るけれど、日本でシンメトリーのものって神社とかお墓くらいしか思いつかないな。左右対称から少し崩す、その崩し方が粋とか言われて好まれてるんじゃない？

シンリ君　そうだよね。でもそのことに答える前に、ちょっと違う話をしていいかな。

2　流暢性魅力説

　ラマチャンドランの主張を要約すれば、人が何かを美しいと感じるのは、本来生存的な価値をもっていたものが満たされるときであり（シンメトリーや知覚の問題解決など）、それは脳の特性によって実現されるというものだろう。この美を感じる脳の特性が、近年さまざまな研究によって明らかになってきた。美術作品の嗜好性の地域差から、この脳の特性についてみてみよう。

　少し前に、所属する学校によって、学生の好む色が違うという話をしたが、このような嗜好の地域差は、色以外にも見られる。たとえば、ある研究（Masuda et al., 2008）では、美術館に収蔵されている西洋の作家によって描かれた人物画266点と東アジアの作家によって描かれた人物画151点を分析すると、画面の中で顔の占める割合が西洋と東アジアで異なり、西洋の作家によって描かれたものでは顔が画面の14.7％を占めるのに対して、東アジアの作家によって描かれた人物画で顔の占める割合は4.3％にすぎないことが示された。このような文化差は専門的な作家による美術作品に見られるものだけではない。アメリカ出身の大学生と東アジア出身の大学生に実験室で椅子に座っている人物の写真を撮るように依頼すると、アメリカ出身の大学生の撮った写真で顔が占める割合は14％に近いのに対して、東アジア出身の学生では4％程度だったそうだ（Masuda et al., 2008）。これは、専門家・非専門家に限らず、特定の視覚的パターンの嗜好性が文化的に形成されている可能性を示唆しているだろう。

　またこの研究者は、複数の研究を通じて、東アジア出身者はアメリカ出身者に比べて、人物を被写体にした写真を評価する際に、より周囲の状況についての情報が多く入った写真を好むことを報告している（Masuda et al., 2001）。

　このような文化差が産まれる理由としては、いくつか指摘されている。その一つは、美術館でよく目にする絵を通して「良いバランス」を学習しているからだという説である。しかしこれは鶏が先か卵が先かという話にもなるだろう。二つ目は、いわゆる集団主義文化（周りとの協調を重視する文化）と個人主義文化といった、心理的な価値観が表面化したものという説である。これもありうるが、今のところ、同じ文化圏に育った人のなかでも、個人主義か集団主義

かで嗜好性に差があるという研究は見当たらない。そこで三つ目の候補となるのが、日常的に目にする景色に基づいて形成された嗜好性が、文化差を生んでいるという説である。

　この説を支持する根拠として、日本とアメリカでランダムに976以上の街の風景を撮影し、その写真に写っている物の数をカウントした研究がある（Miyamoto et al., 2006）。この研究によると、同規模の街を撮ったものでも、日本で撮った写真のほうにより多くの物が写り込んでいたという。これは日常的に見慣れた量の周辺的情報が含まれた写真や絵画に対して人はなじみやすさを感じ、それが嗜好性に影響する可能性を示唆する。

　そもそも、人が見慣れたものを好ましく感じやすいということは、古くからさまざまな研究によって示されている。たとえば、ザイアンスの古典的な研究（Zajonc, 1968）では、実験参加者にさまざまな漢字や顔写真をさまざまな頻度で提示した後、それぞれの文字や顔の好ましさを尋ねたところ、高頻度で提示されたもののほうが低頻度で提示されたものよりも「良い」印象をもたれることが示された（ただしあまりに高頻度であると、逆に低下するという指摘もある：Berlyne, 1970）。この現象は、単純接触効果として広く知られている。

　ではなぜ反復提示されたものに対して好意が増すのかというと、これには大きく分けて二つの説明がある。一つ目が、知覚的流暢性誤帰属説である（Bornstein et al., 1992）。この説によると、ある刺激への反復接触により、その刺激に関わる脳の神経組織に変化が起こり、その結果、それと類似する刺激に対する処理が流暢になされるようになる。これは常に反復提示されたことに起因するが、後にそれと類似した刺激を見たときに、その人の脳は、そのように刺激が流暢に処理されるのはその刺激への親近性が高いからだと誤って帰属し、これによって好ましい印象が形成される（この効果はかなり長期に持続する）。これが知覚的流暢性誤帰属説による説明である。

　この場合、誤帰属が起こることが好意の変化の条件になるため、見ている人が、対象物を繰り返し見ていることを意識していると誤帰属が抑制されて、この効果は起こらないと考えられる。実際、閾下（本人が見たと意識できないほど短時間の提示など）での反復提示のほうが、提示時間が長い刺激に比べて、この効果の影響が大きく（Bornstein, 1989）、またまったく繰り返し同じものの提示を受けるよりも、見た目を少し変えて対象の提示を受けるほうが効果が大きいことが指摘されている（川上ほか, 2011）。これは、まったく同じものを見

ているという意識をもちにくくなることによって、誤帰属の抑制が避けられるからだと考えられている。

　二つ目は、ヘドニック流暢性モデル（Reber et al., 1998）である。この説は、誤帰属を想定せず、刺激が流暢に処理されるようになることがそのまま快感情につながると考える。繰り返し見ていることが意識されて誤帰属が起こらないようにした条件において、好意度が高まることを指摘した研究も存在する。

　また、ヘドニック流暢性モデルは、「これは見たことがある」という感覚レベルの流暢性の増大が感情に与える影響についての研究に端を発しているが、現在では、単純な表面的な感覚システムでの処理における感覚的流暢性だけではなく、「このことについては考えたことがある」といった概念的な情報の処理において感じる流暢さも、選好に影響すると考えられている（概念的流暢性：Lee et al., 2004）。たとえば、一見見たことがなくてもすんなり理解できたり、好きだと思ったりするのは、表面的な形式は異なっても、概念的にはそれと類似したものを過去に経験したことがあるからかもしれない。

　これらの仮説はどれも、処理の流暢性を高めるうえで刺激への接触が必要であることを示唆している。このことから考えると、一般の人が、優れた作家の作品を必ずしも評価せず、比較的単純な作品を好むのは、優れた作家の作品を流暢に評価できないからだとも考えられる。

　実際に、美術学習者と未学習者に対して複雑性の異なるさまざまな形を提示して、その好ましさを尋ねた研究（Silvia, 2006）では、美術学習者のほうが、未学習者に比べて、複雑な形において好ましいと感じる傾向が強いことが指摘されている。このように考えると、生前に評価されなかった画家が死後に評価されるようになることがあるのは、画家が優れた感性によって世界の枢要な何かを感じとり、それを繰り返し観察することで、他の人に先立って表現できたとしても、同時代の多くの人はその時代にはそれらを流暢に処理できず、その表現を評価できるようになるのに多くの時間を要してしまうからかもしれない。

　ただし、流暢性魅力説にも批判がある。たとえば、ある図形を見せて好きか嫌いかで反応する課題をした場合、早く反応できるということは流暢に処理できていることを意味しているが、必ずしも「好き」の反応のほうが「嫌い」の反応よりも早いわけではない（Bar et al., 2006）。また、前に紹介したように、人は何を描いているか判断に迷う作品（つまり流暢に処理できない作品）にも面白さを感じる。

3 デザインにおける親近性と新奇性

　同様のことは、デザイナーにも言える。そもそも人生におけるデザインの重要さは人によって異なる（Bloch et al., 2003：CVPA＝製品の視覚的美しさの重要性尺度）。そのため、一般の人には評価を受けるのにデザイナーのなかでは高く評価されないデザインもあるし、逆にデザイナーには高く評価されるが一般の人には評価されないデザインもある。

　ヘッカート（Hekkert, 2014）は、この点に関して、安全欲求と達成欲求という概念を使って説明している（表5-1）。一般的に、親近性の高い環境というのは安全であることが多いので、基本的に人は親近性の高いものを好む。しかし、安全であることがわかっているときには、人はチャレンジする行動を生起しやすくなる。人がこのような傾向をもっているのは、人間の祖先が暮らした自然界においても、自分が暮らす環境に危険が迫っているときには安全であることが優先されるが、危険性がないときには未知の土地を探索したり新しいことに挑戦したりして、可能性を拡大することが求められたからだと考えられている。つまり人は、親近性に飽きると新奇性を求めるようになる。

　ヘッカートは、この安全欲求と達成欲求のバランスが知覚レベルから、認知レベル、社会レベルに至るまで、多層的に嗜好性に影響すると考えている。安全を求めているときには、知覚的にはできるだけ全体が統合されているものを、認知的には典型的なものを好み、社会的には他者と類似していることを好む。それに対して、達成を求めているときには、知覚的には多様性が高いもの、認知的には新奇性が高いものを求め、社会的には他者とは異なっていてユニークであることを求める。

　ただし、何が見飽きたもの、統合されたもの、典型的なものであるかについ

表5-1　安全欲求と達成欲求による説明（Hekkert, 2014）

	安全欲求	達成欲求	
知覚レベル	統合	多様性	多様性の中の統合
認知レベル	典型	新奇性	新奇性の中の典型
社会レベル	つながり	ユニーク	ユニークさのなかの他者とのつながり

ては、専門性や嗜好性が大いに関わっている。デザイナーからすれば見飽きた
ものであっても、一般の人にはまだ全体の統合が困難で新奇に見えるというこ
とは多く、デザイナーのようなCVPA（製品の視覚的美しさの重要性尺度）の
得点の高い人ほど、ユニークな商品を好む傾向にある（Bloch et al., 2003）。こ
れがデザイナーと非デザイナーの評価の違いを生む一つの要因であると考えら
れる。実際、ある研究では、美術・デザインの専門性が高い人ほど、新奇性が
高いと感じるものに興味深さを感じやすく、わかりやすいと感じるものには興
味を感じにくくなることが示されている（Silvia, 2013）。

　また、何が典型的であるかは、時間とともに変わっていく。ランドワーら
（Landwehr et al., 2013）の自動車に関する研究によると、典型性の高いデザイ
ンの自動車の販売台数は、そのデザインが人目に触れる機会が増えるにした
がって右肩下がりに低下していき、逆に典型性の低いデザインの自動車の販
売台数は、人目に触れる機会が低い間は伸び悩むが、その機会が増えるにし
たがって伸びていく。そのため、同じデザインでも人目に触れる機会や期間に
よって売れたり、売れなかったりする。

　安全欲求と達成欲求で目指されているものは、一見相矛盾するように見える。
しかし先ほどのヘッカートの見方によると、良いデザインは両者を満たすとい
う。すなわち一見複雑に見えるけれどもよく見るとそこには調和があり、一見
目新しいのだけれど実はその構造には典型的なものがあって親しみも感じ、一
見他の人と違うけれども他の人の中にも溶け込むことができる。良いデザイン
とはそういうものだという。

　　　　シンリ君　さて、さっきの話だけど、シンメトリーが魅力的なのは、
　　　　複雑さのわりに規則性が高いので流暢に処理ができるからだとも考え
られているんだ。でも、複雑さのわりに規則性が高いのは、シンメトリーだけ
ではない。たとえば、フラクタル構造もそうなんだ。
　アルトちゃん　フラクタル構造!?
　シンリ君　うん。たとえば木の枝のように、幹から何本か大きな枝が出て、
大きな枝から何本か小さな枝が出て、小さな枝からさらに細い枝が出ているよ
ね。これはサイズの異なる近似した形が反復しているんだ。つまり実際以上に、
構造としては単純と見ることもできる。だから人はフラクタル構造を好むとい
う研究もある。そして、たとえば龍安寺の石庭の配置は、実はフラクタル構造

で説明できるという研究もあるんだ（Van Tonder et al., 2002）。だからそういう意味では日本も、シンメトリーかフラクタル構造かの違いだけで、欧米と同じなのかもしれない。

　アルトちゃん　絵を例にあげるなら、いわゆる「ずっとみていられる」ためのお決まりの約束みたいなものは明確にあるよね。

　シンリ君　ちなみに、ポロックの絵は、かなり精度の高いフラクタル構造になっているらしい（Taylor et al., 1999）。

　アルトちゃん　まえ、実物のポロックの絵を見たことがあってね、とにかくすごい体験をしたんだよ。でもね、ポロックの絵を見る前にその話聞かなくてよかった。私確かに彼の絵に自然ということを感じたんだ、それがフラクタル構造になってるというのは興味深いんだけどね。

【引用文献】

Arnheim, R. (1954) *Art and visual perception: A psychology of the creative eye.* California: University of California Press.

Bar, M., & Neta, M. (2006) Humans prefer curved visual objects. *Psychological science, 17*(8), 645-648.

Berlyne, D. E. (1970) Novelty, complexity, and hedonic value. *Perception and Psychophysics, 8,* 279-286.

Bloch, P. H., Brunel, F. F., & Arnold, T. J. (2003) Individual differences in the centrality of visual product aesthetics: Concept and measurement. *Journal of consumer research, 29*(4), 551-565.

Bornstein, R. F. (1989) Exposure and affect: Overview and meta-analysis of research, 1968-1987. *Psychological Bulletin, 106*(2), 265-289.

Bornstein, R. F., & D' agostino, P. R. (1992) Stimulus recognition and the mere exposure effect. *Journal of personality and social psychology, 63*(4), 545.

Commare, L., Rosenberg, R., & Leder, H. (2018) More than the sum of its parts: Perceiving complexity in painting. *Psychology of Aesthetics, Creativity, and the Arts, 12*(4), 380-391.

Hanson, H. M. (1959) Effects of discrimination training on stimulus generalization. *Journal of experimental Psychology, 58,* 321-334.

Hekkert, P. (2014) Aesthetic responses to design: A battle of impulses. In P. P. L. Tinio & J. K. Smith (Ed.), *The Cambridge handbook of the psychology of aesthetics and the arts* (pp.277-299). Cambridge University Press.

Jakesch, M., & Leder, H. (2015) The qualitative side of complexity: Testing effects of ambiguity on complexity judgments. *Psychology of Aesthetics, Creativity, and the Arts, 9*(3), 200-205.

川上直秋・吉田富二雄 (2011)「多面的単純接触効果：連合強度を指標として」『心理学研究』*82,* 424-432.

Landwehr, J. R., & Wentzel, D. (2013) Product design for the long run: consumer responses to typical and atypical designs at different stages of exposure. *Journal of Marketing, 77*(5), 92-107.

Lee, A. Y., & Labroo, A. A. (2004) The effect of conceptual and perceptual fluency on brand evaluation. *Journal of Marketing Research, 41*(2), 151-165.

Masuda, T., & Nisbett, R. E. (2001) Attending holistically versus analytically: comparing the context sensitivity of Japanese and Americans. *Journal of Personality and Social Psychology, 81*(5), 922-934.

Masuda, T., Ellsworth, P. C., Mesquita, B., Leu, J., Tanida, S., & Van de Veerdonk, E. (2008) Placing the face in context: Cultural differences in the perception of facial emotion. *Journal of Personality and Social Psychology, 94*(3), 365-381.

Miyamoto, Y., Nisbett, R., & Masuda, T. (2006) Culture and the physical environment holistic versus analytic perceptual affordances. *Psychological Science, 17*(2), 113-119.

Post, R. A. G., Blijlevens, J., & Hekkert, P. (2016) 'To preserve unity while almost allowing for chaos' : Testing the aesthetic principle of unity-in-variety in product design. *Acta psychologica, 163*, 142-152.

Post, R., Nguyen, T., & Hekkert, P. (2017) Unity in variety in website aesthetics: A systematic inquiry. *International Journal of Human-Computer Studies, 103*, 48-62.

Ramachandran, V. S., & Hirstein, W. (1999) The science of art: A neurological theory of aesthetic experience. *Journal of Consciousness Studies, 6*(6-7), 15-51.

Ramachandran, V. S. (2003) *The emerging mind.* Profile Books.〔ラマンチャンドラン, V. S.／山下篤子（訳）(2005)『脳の中の幽霊、ふたたび』角川書店.〕

Reber, R., Winkielman, P., & Schwarz, N. (1998) Effects of perceptual fluency on affective judgments. *Psychological Science, 9*(1), 45-48.

Sammartino, J., & Palmer, S. E. (2012a) Aesthetic issues in spatial composition: Effects of vertical position and perspective on framing single objects. *Journal of Experimental Psychology: Human Perception and Performance, 38*(4), 865-879.

Sammartino, J., & Palmer, S. E. (2012b) Aesthetic issues in spatial composition: Representational fit and the role of semantic context. *Perception, 41*(12), 1434-1457.

Silvia, P. J. (2006) Artistic training and interest in visual art: Applying the appraisal model of aesthetic emotions. *Empirical Studies of the Arts, 24*, 139-161.

Silvia, P. J. (2013) Interested experts, confused novices: Art expertise and the knowledge emotions. *Empirical Studies of the Arts, 31*(1), 107-115.

Taylor, R. P., Micolich, A. P., & Jonas, D. (1999) Fractal analysis of Pollock's drip paintings. *Nature, 399*(6735), 422-422.

Tinbergen, N. (1963) *The herring gull's world: A study of the social behaviour of birds.* Glasgow: Collins.〔ティンバーゲン, N.／安部直哉・斎藤隆史（訳）(1975)『セグロカモメの世界』世界動物記シリーズ11, 思索社.〕

Tyler, C. W. (1998) Painters centre one eye in portraits, *Nature, 392*, 877-878.

Van Geert, E., & Wagemans, J. (2020) Order, complexity, and aesthetic appreciation. *Psychology of Aesthetics, Creativity, and the Arts, 14*(2), 135-154.

Van Tonder, G. J., Lyons, M. J., & Ejima, Y. (2002) Visual structure of a Japanese Zen garden. *Nature, 419*(6905), 359-360.

Wickens, T., Palmer, S., & Gardner, J. (2008) Aesthetic issues in spatial composition: Effects of position and direction on framing single objects. *Spatial vision, 21*(3-5), 421-449.

Zajonc, R. B. (1968) Attitudinal effects of mere exposure. *Journal of Personality and Social Psychology, 9*, 1-27.

6章　醜いけど美しい
── 私がこれを美しいというのを、誰も思いとどめ
させることはできない

（守衛室で小さな歓声があがる。たぬ吉の棘が取れたらしい。頑張ったご褒美に
ネコ用チーズをもらい、満足するとたぬ吉がトコトコ出てきて、アルトちゃんの
前を通り、何事もなかったように去っていく。最後にチラリと振り返る。）

　アルトちゃん　あ、たぬ吉の顔がだいぶ元に戻ってる！　いわゆるハンサム
なネコとはちょっと違うんだけど、たまらないんだよね。
　シンリ君　へんなの。
　アルトちゃん　わかんないかなぁ。心理学の本に書かれている研究
っていかにももっともらしいけど、実は表面的なとこだけをやって的
を外してるように見えるわけ。絵を見るのに好ましいかとか快を感じるかどう
かなんて、木の葉っぱの影ばかり見てるみたいなものだよ。だいたい快とか好
きとかって、感情と言えるのか？
　　　　　シンリ君　たしかにね。従来の美術に関する心理学の研究は、SD法
　　　　　を軸とした方法論で、要素に分解して快－不快を中心に扱っていたか
らね。これは人がどのようなものを好むのかの構造を理解するうえでは役に
立っていたんだけど、アルトちゃんの言うみたいに、それでは美術体験を十分
捉え切れていないという話もあって、最近では、ちょっと違う流れも出てきて
いるよ。

　　天の声

　優れた美術作品やデザインに出会ったときに感じるのは、快や不快のよう
な単純な感情ではないように思える。ではいったい、どのような感情を感じ
るのだろうか。そしてそれはなぜだろうか。

（シンリ君、トツゼン説明モードに入る。）

1　作品鑑賞時に感じる興味、ぞくぞく感、涙感

　図6-1は、「美的感動」を感じたときと「とてもきれい」と感じたときのそれぞれについて過去の体験を思い出してもらい、さまざまな形容詞を提示して、そのときに感じていることを評価してもらったものである（荒川ほか, 2017；統計的に有意であったもののみ抜粋）。この図から、美的感動を感じているときの方が、苦しく、圧倒されており、悲しく、怒りを感じ、考えさせられることが多いことが読みとれる。

　このように、近年では、優れた芸術作品や創作物に触れた際に生じる感情について、快や不快だけではなく、興味（interest）、またより高次の複合的な感情であるぞくぞく感（chill）、涙がこみあげてくる感じ（crying：以下、「涙感」とする）、感動（be moved）、畏敬（awe）といった感情についての研究も多く行われている。ここで不思議なのは、ぞくぞく感や涙感、畏敬などは、一般的にはどちらかというとネガティブな感情状態であることだ。美術の経験が少ない人が絵画に求めるのは心地よさだと言われているのに、なぜそのような不快感情が芸術作品の鑑賞時に起こるのだろうか。まずは、これら作品鑑賞時に生じる、快－不快以外の感情についての研究を踏まえたうえで、なぜ芸術作品やデザイン鑑賞時にそのような感情が生じるのかについて考えてみたい。

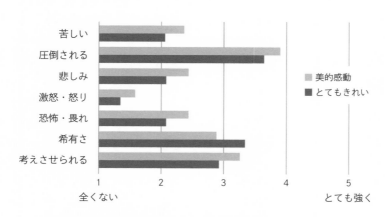

図6-1　美的感動ととてもきれいの違い（荒川ほか, 2017）

90

一般に快−不快と同様に低次な反応に分類される興味は、新奇性・複雑性が高く、かつ理解可能性が高い対象に向けられる感情であり（Silvia, 2010）、一般に接近（もっと知ろうとする）や回避（その場を立ち去る）などの行動を引き起こしたり、瞳孔の拡大や心拍数の低下に作用する（Libby et al., 1973）。これは鑑賞者の知識や経験に依存する感情であり、たとえばある対象は、ある人にとっては新奇性・複雑性が高く目新しいものでも、別の人にとっては新奇性・複雑性が低く退屈なものかもしれない。また、ある対象は、ある人にとっては理解することが期待できても、別の人にとってはとうてい理解できないもので混乱を生じさせるだけかもしれない。このような興味の感情は、自己との関係性（新奇かどうか、複雑性が高いかどうか）と、それに対する対処可能性（自分に理解できそうかどうか）という2段階を経て生起するとする、感情の認知的評価理論（Lazarus, 1966）で説明されている。

　他方、このような興味の感情と快の感情は、さっき（5章）の安全欲求と達成欲求との関係として整理することもできる（PIAモデル：詳しくは9章）。このモデルによると、安全欲求と関わる統合性、典型性、つながり性は単純な快感情を引き起こすが、達成欲求と関係する多様性、新奇性、ユニークさはこの興味の感情を引き起こすと考えられている。つまり、興味は快−不快とは独立して評価されるものであり、違和感のある（一見不快な）作品であっても、興味をもたれれば魅力的であると感じられる（Graf et al., 2017）。

　そのため、写真を見る場合でも、快であれ不快であれ、感情が揺さぶられれば、その写真に対する注視傾向が強まる（Bradley et al., 2011）。特に、鑑賞者の固視点（画面上で注意を向ける点）は、明度・彩度で目立つところよりも、感情を掻きたてるところに向けられることが知られている（Niu et al., 2012）。

　しかし、この興味は、心拍数の増大などの生理的反応を伴わない、主観的にもどちらかというと目立たない感情であるので、作品に対峙したときには興味というだけではなく、もっと複雑な感情が生じていると感じる人もいるだろう。芸術に対して感じたことのある感情を質問紙を用いて調査した研究（Silvia et al., 2011）では、芸術に対する感情には3種の要素があることが見出されている。一つ目は「ぞくぞく感」（鳥肌感などと訳されることもある）であり、「ぞくっとする感じ」「身の毛がよだつ感じ」「鳥肌が立つ感じ」などの項目からなるものである。二つ目は「感動」であり、「涙がこみあげてくる感じ」などの項目からなる。3つ目が「没頭」であり、「時間を忘れる感じ」などからなる。

このぞくぞく感、感動、没頭は、相互に強い相関関係がある（相関係数[注1]で r=.41 ～ .50）。

　このぞくぞく感も興味と同様、その対象が快いものである必要はない。音楽の分野での研究では、楽しい曲を聴いているときよりも、悲しい曲を聴いているときにぞくぞく感を感じやすいと考えられている（Panksepp, 1995）。さらにこのぞくぞく感は、交感神経[注2]を活性化させ、精神性発汗（いわゆる「手に汗握る」状態）や、心拍数や呼吸数の増大を引き起こすことが知られている（Salimpoor, 2009；ただし心拍数や呼吸数の増大については見られないと報告する研究も多い）。ぞくぞく感についての過去の知見をまとめた研究（森ほか, 2014）は、音楽でぞくぞく感を感じる場面の特徴を「音が大きくなり、高くなる」、「音の粗さ、不協和音の上昇」、「予期しない音楽展開」の3つにまとめて説明し、これは期待に対する逸脱が生じる場面であることを指摘している。

　このぞくぞく感は実際にはデザインや美術に対しても感じられることは少なくないと考えられるが、音楽や映画（Wassiliwizky et al., 2015）など時間を伴う芸術において研究されることが多い。その理由は、この感情が期待に対する逸脱が起こる場面で生じ、文脈が非常に重要な意味をもつ感情であり、時間的変化を伴わない視覚芸術では、その作品を初めて見た時には、それまでの期待との関係で感じたとしても、繰り返し感じることはあまりないからかもしれない。

　また、このぞくぞく感と関連する感情として、涙感がある。泣くというのは通常はネガティブな感情に伴う反応としてカテゴライズされるが、それが芸術作品に対して感じていると認識されれば、強い芸術感情の一つとなる。なお、この涙感の中心にあるのは、「無力感」（Miceli et al., 2003）であると言われる。圧倒的な世界に直面し、何もできないと感じたときに感じる無力感こそが、芸術感情としての「涙感」の正体なのかもしれない。

　涙感も音楽で感じることが多いとされるが、ぞくぞく感と違い、視覚芸術に関する研究も行われており、「同化」と「調整」の概念で説明されることがある（Pelowski, 2015）。同化も調整も発達心理学者ピアジェの概念であり、同化とは自らがすでにもっているシェマ（外界を捉える枠組み）を用いて外界を理解し取り込もうとする認知のはたらきを指し、調整とは外界に合わせて自らのシェマのほうを変化させることを指す。鑑賞時に、鑑賞者は最初は認知的に作品を同化し、制作者の営為やそこに描かれた世界を自分の中にすでにある引き出しに合わせて理解しようと試みるが、それがうまくいかないときには無力感

を覚え、これまでの自己の在りようを省みてシェマの調整を行い、それがある程度うまくできたときに幸福感を感じる。これが芸術感情としての涙感が最終的に幸福感につながるプロセスであると考えられている。

　ただし、涙感は、「無力感」ではなく、従来の意味、つまり、作品の中で表現された悲しみそのものに対する共感である場合もある。悲劇や悲しい歌の鑑賞が娯楽となることが示すように、作品によって生じた悲しみは、自らの手に降りかかった実体験ではなく芸術によって生じたと認識されることで、単なる悲しみとは異なる感情を引き起こすと考えられている（この点については後ほど）。

　なお、このような身体反応を伴う感情のコアにあるのは「感動」であるという指摘もあり（Benedek et al., 2011）、実際に、作品の中で体験した悲しみの感情が芸術感情としての快の感情に変わるかどうかについては、感動が生じるかどうかが重要であることを指摘する研究もある（Wassiliwizky et al., 2015）。しかし、感動はまた別の要素を有しているという指摘もある。たとえば戸梶（2001）は、感動が喚起される条件として、「感情移入・共感ができること」「人情に関すること」「一生懸命／健気な姿」「努力・苦労の成就」など11個をあげており、別の研究者（Cova et al., 2014）も、ポジティブな価値（たとえば正義など）が明示されることを条件としてあげている。また、感動は友情などの社会的結びつきを感じた場面でも喚起されることから（Menninghaus et al., 2015）、感動には、望ましい価値の実現という意味合いが多く含まれていると考えることができるだろう。感動をめぐるこれらの見解の異同は、感動がさまざまな感情と同時に複合的に起こることが多く、分離困難であることに起因すると考えられる。

2　作品鑑賞時に感じる畏敬の念

　近年注目を集めている芸術感情が、自然の景色や美術作品、宗教や科学に対して感じることが多いとされる「畏敬の念」である（前浦ほか, 2020）。畏敬の念は、その作品の壮大さに起因する、「存在の大きさの感覚」と「自己の調整の必要性」の2点によって特徴づけられる（Keltner et al., 2003）。そして、この感情を体験することによって、「深遠さ」「世界とのつながり」「霊性」「恐怖」「広大さ」「実在感」「開放性と受容性」「驚嘆」「いまここ感」「感覚の鋭敏化」な

どと表現される感覚を感じ、人生の意味や目標の変化を引き起こすこともある（Bonner et al., 2011）。さらに、この畏敬の念には他の特徴も指摘されている。その一つは没頭に伴う時間感覚の変化であり、もう一つは、自然や作品に広大さを感じた反動として（Rudd et al., 2012）、自らの存在のちっぽけさを感じることである（Piff et al., 2015; van Elk et al., 2016）。

またこの感情は主観的意識の変化を引き起こすだけではなく、行動も変化させる。具体的には、この感情を感じると、社会的に望ましい行動をとり（Piff, 2015）、他者を援助する傾向が高まることが知られている（Zhang et al., 2014）。

なお、この感情を感じるかどうかには個人差があり、「経験への開放性」という、新しい刺激を好む傾向が強い人ほど、この感情を感じやすいことが知られている（Silvia et al., 2015：コラム参照）。

ちなみに、作品の実際の大きさと評価としての偉大さの関係について行われた実験も存在する。この実験では、さまざまな作品の縮小写真を提示し、「巨匠の作品である」あるいは「学生の作品である」と説明したうえで、その作品が実際にはどのくらいの大きさであるか推定するように求めた（Seidel et al., 2018）。すると、「巨匠の作品である」と言われたほうが作品を大きく推定した。また逆に、同じ作品でも大きい写真で提示したほうが、より好ましいと評価された。これらのことは、作品の大きさと主観的感覚との関連を示唆しているだろう。

3　なぜネガティブな感情を喜んで感じるのか

畏敬の念における自己のちっぽけさの感覚も、涙感における悲しみも、一般的にはネガティブな感情とされているものである。にもかかわらず、これまで紹介してきたように多くの研究で、ネガティブな感情がある条件を満たすことで喜びの感情を生起させることが知られている（Wassiliwizky et al., 2015）。実際、人は映画にせよ、音楽にせよ、美術作品にせよ、単に楽しいものだけではなく、不安や恐怖、悲しみや恐れなど、さまざまなネガティブな感情を引き起こす作品を好む。なぜネガティブな感情が芸術感情にはつきものなのだろうか。

この理由の一つとして、ネガティブな感情の優位性があげられる。感情は環境に対して瞬時に対応するために生理的反応や行動反応と主観的反応をパッケージにしたものだという考え方がある（たとえば、戸田（2007）のアージ理

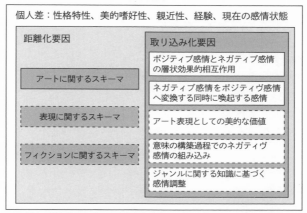

アート受容の社会、文化、状況要因

個人差：性格特性、美的嗜好性、親近性、経験、現在の感情状態

距離化要因

取り込み化要因

アートに関するスキーマ

ポジティブ感情とネガティブ感情の層状効果的相互作用

ネガティブ感情をポジティヴ感情へ変換する同時に喚起する感情

表現に関するスキーマ

アート表現としての美的な価値

フィクションに関するスキーマ

意味の構築過程でのネガティヴ感情の組み込み

ジャンルに関する知識に基づく感情調整

実線の長方形はネガティブ感情をポジティブに変換するには必須の要素
破線の長方形が影響するかどうかは状況による

図6-2　距離化−取り込み化モデル（Menninghaus et al., 2017をもとに作成）

論）。ポジティブな感情には、ネガティブな感情をリセットしてリラックスする効果などさまざまな有用な効果があるが、ネガティブな感情に比べると種類も強度も弱いことが多い。それに対してヒトの安全を脅かす対象が現れたときに瞬時に対応するための反応が怒りや恐れ、不安といったネガティブな感情であり、安全を脅かす対象に正しく対応することは生存にとって重要な意味をもつのでネガティブな感情は高い情報的価値をもつ。だから、これらのネガティブな感情は、ポジティブな感情以上に人に強い影響を与えると考えられる。

　現実場面では、ネガティブな感情を生起させるような事態はポジティブな意味をもたないが、その事態が現実でなければ話は変わってくる。芸術においてネガティブな感情が好まれる現象を説明するものとして、ある研究者（Menninghaus et al., 2017）は、距離化−取り込み化モデルを提案している（図6-2）。このモデルでは、作品の評価に関わる二つの大きな要因の存在が想定されている。一つ目が距離化要因であり、これには、①アートに関するスキーマ（スキーマとは見方の枠組みのこと：Art Schema）とともに、②表現に関するスキーマや、③フィクションに関するスキーマが含まれており、これらは作品を観ることで生じる感情と距離をとることを助けている。他方、作品の評価に関わる二つ目の要因が取り込み要因であり、これには、①ポジティブ感情とネ

ガティブ感情の相乗効果的相互作用（ポジティブ感情だけよりダイナミズムが大きくなる）、②ネガティブ感情をポジティブ感情へ変換すると同時に喚起する感情、③アート表現としての美的な価値、④意味の構築過程でのネガティブ感情の組み込み、⑤ジャンルに関する知識に基づく感情調整が含まれている。このように、感情のなかに取り込む作用と感情と距離をとる作用という拮抗する二つの作用を経ることで、作品を通じて感じられたネガティブ感情が結果的にポジティブ感情として体験されると考えられている。

　なお、現実の事態ではないときにネガティブな感情がポジティブに受け取られるという現象は、アート／芸術だけに限ったことではない。たとえば、人がジェットコースターやお化け屋敷を好むのも、同じ仕組みと言えるかもしれない。人はこれらのアトラクションを通して、今現在は直面していない脅威に向かい、疑似的な解決を体験すると考えられている（シミュレーション説：Mar et al., 2008）。しかし、これらと芸術との違いは、自己の拡張性であろう。芸術において人が畏敬の念を感じるとき、人は、世界の意味や世界との関わり、世界の捉え方を再設定し、自己を反省し、自己の枠組みを変化させると考えられている。

　　アルトちゃん　たしかに！　私の絵画体験のトップ3は別に好みとは違うし、偉大さと個人的な好みや共感は別なんだよね。
　　シンリ君　そうだね。不快だけど世界の見方を変えた作品って少なくないと思うんだ。
　　アルトちゃん　いや、芸術で人の世界の見方は変わらないと思うね。芸術にはそこまでする力はない。いつか心理学も気づくさ。

コラム　パーソナリティとアート

パーソナリティとは

　「パーソナリティ」という言葉は、日常でもよく使われるが、そこには、個人の性格、特性、感じ方や考え方など、さまざまな意味合いが含まれる。心理学でも、パーソナリティの定義は非常に多くあるが、代表的なものとして、オルポート（Allport, 1937）の「その人物に特有な環境への適応を決定づけるような力動的機構」という定義等があげられる。また、パーソナリティ

を理解する方法として、類型論と特性論という二つの考え方もある。類型論は、人をいくつかのタイプ（類型）に振り分けて理解する方法で、たとえば、体格による分類や、血液型による分類などがあげられる。ただし、これらの分類には批判も見られ、現在ではあまり用いられていない。特性論は、人の個性をさまざまな物差し（特性）で測って理解する方法で、パーソナリティの物差しにあたるパーソナリティ検査は現在でも多く開発され、用いられている。どのような物差しを使うかは研究者によっても異なるが、現在、最も支持されているのは、人を5つの特性から捉えようとする考え方で、「ビックファイブ理論」と呼ばれ、5つの特性として、「神経症傾向」「外向性」「開放性」「調和性」「誠実性」があげられている。この5つの特性の名称は、研究者によってもやや異なるところがあるが、内容としてはおおむね一致しており、これらの特性を測定するための心理尺度も開発されている。

芸術的活動とパーソナリティ

　こうしたパーソナリティの考え方を踏まえて、芸術的活動とパーソナリティとの関連についても研究が行われている。特に、ビッグファイブを始めとする特性論をもとにして、芸術的活動に関連するパーソナリティを明らかにする研究などが見られる。これまでの研究からは、芸術的活動に大きく関連するパーソナリティ特性として、「開放性」が指摘されている（たとえば、宮下ほか, 2017）。開放性は、身の回りのさまざまな事柄に関心を向けて、新しい経験に開放的な傾向をもつパーソナリティ特性であり、好奇心をもって創造的なアイデアを生み出す芸術的活動にも密接な関連があると言える。また、開放性のほかにも、活動的で積極的に他者と関わる「外向性」、良心的で他者や社会とのつながりを大切にする「調和性」なども、芸術的活動を行ううえで重要な特性と考えられている。

　このように、芸術的活動には、さまざまなパーソナリティ特性が複合的に関連している可能性があり、今後は、芸術的活動を促す個人の特性や、個人を取り巻く環境要因なども含めて、アートにつながる要因を多角的に明らかにしていくことが望まれる。

［桂瑠以］

【注】

［1］交感神経とは、副交感神経と並ぶ自律神経系の一種である。この自律神経は、心臓を動かしたり、汗をかいたり、呼吸をさせたりといった、身体の維持に関わる活動を担っている。自律神経は、中枢神経とは異なって、意思に直接影響されることはないが、感情の影響を受ける。簡潔に紹介すると、交感神経が優位になると、怒りや恐怖に伴って心拍や呼吸を速め身体に血を送って闘争または逃走モードに身体を整えるのに対し（Canon, 1914）、副交感神経が優位になると、胃腸の活動が活発になるなどくつろぎモードに身体を整えると考えられている。

【引用文献】

Allport, G. W. (1937) *Personality: A psychological interpretation.* Oxford, England: Holt.〔オルポート，G. W.／詫摩武俊・青木孝悦・近藤由紀子・堀正（訳）(1982)『パーソナリティ：心理学的解釈』新曜社.〕

荒川歩・筒井亜湖 (2017)「視覚的対象に対するきれいと美的感動の違い」『感情心理学研究』*25*(Supplement), os16.

Benedek, M., & Kaernbach, C. (2011) Physiological correlates and emotional specificity of human piloerection. *Biological psychology, 86*(3), 320-329.

Bonner, E. T., & Friedman, H. L. (2011) A conceptual clarification of the experience of awe: An interpretative phenomenological analysis. *The Humanistic Psychologist, 39*(3), 222-235.

Bradley, M. M., Houbova, P., Miccoli, L., Costa, V. D., & Lang, P. J. (2011) Scan patterns when viewing natural scenes: Emotion, complexity, and repetition. *Psychophysiology, 48*(11), 1544-1553.

Canon, W. B. (1914) The interrelations of emotions as suggested by recent physiological researches. *American Journal of Psychology, 25*, 256-282.

Cova, F., & Deonna, J. A. (2014) Being moved. *Philosophical Studies, 169*(3), 447-466.

Graf, L. K., & Landwehr, J. R. (2017) Aesthetic pleasure versus aesthetic interest: The two routes to aesthetic liking. *Frontiers in Psychology, 8*, 15.

Libby, W. L. Jr, Lacey, B. C., & Lacey, J. I. (1973) Pupillary and cardiac activity during visual attention. *Psychophysiology, 10*(3), 270-294.

Lazarus, R. S. (1966) *Psychological stress and the coping process.* McGraw-Hill.

Keltner, D., & Haidt, J. (2003) Approaching awe, a moral, spiritual, and aesthetic emotion. *Cognition and Emotion, 17*, 297-314.

前浦菜央・中山真孝・内田由紀子 (2020)「日本における感動と Awe の弁別性・類似性」『認知科学』*27*(3), 262-279.

Mar, R. A., & Oatley, K. (2008) The function of fiction is the abstraction and simulation of social experience. *Perspectives on psychological science, 3*(3), 173-192.

Menninghaus, W., Wagner, V., Hanich, J., Wassiliwizky, E., Kuehnast, M., & Jacobsen, T. (2015) Towards a psychological construct of being moved. *PLoS ONE, 10*, Article e0128451.

Menninghaus, W., Wagner, V., Hanich, J., Wassiliwizky, E., Jacobsen, T., & Koelsch, S. (2017) The distancing-embracing model of the enjoyment of negative emotions in art reception. *Behavioral and Brain Sciences, 40*, E347.

Miceli, M., & Castelfranchi, C. (2003) Crying: Discussing its basic reasons and uses. *New ideas in Psychology, 21*(3), 247-273.

宮下達哉・木村敦・岡隆 (2017)「美的評価の個人差要因：開放性および審美的価値観との関連」

『日本感性工学会論文誌』*16*(3), 315-320.

森数馬・岩永誠 (2014)「音楽による強烈な情動として生じる鳥肌感の研究動向と展望」『心理学研究』*85*, 495-509.

Muth, C., Hesslinger, V. M., & Carbon, C. C. (2018) Variants of semantic instability (SeIns) in the arts: A classification study based on experiential reports. *Psychology of Aesthetics, Creativity, and the Arts, 12*(1), 11-23.

Niu, Y., Todd, R., & Anderson, A. K. (2012) Affective salience can reverse the effects of stimulus-driven salience on eye movements in complex scenes. *Frontiers in psychology, 3*, 336.

Panksepp, J. (1995) The emotional sources of" chills" induced by music. *Music perception, 13*(2), 171-207.

Pelowski, M. J. (2015) Tears and transformation: Feeling like crying as an indicator of insightful or "aesthetic" experience with art. *Frontiers in Psychology, 6*, 1006.

Piff, P. K., Dietze, P., Feinberg, M., Stancato, D. M., & Keltner, D. (2015) Awe, the small self, and prosocial behavior. *Journal of personality and social psychology, 108*(6), 883.

Rudd, M., Vohs, K. D., & Aaker, J. (2012) Awe expands people's perception of time, alters decision making, and enhances well-being. *Psychological science, 23*(10), 1130-1136.

Salimpoor, V. N., Benovoy, M., Longo, G., Cooperstock, J. R., & Zatorre, R. J. (2009) The rewarding aspects of music listening are related to degree of emotional arousal. *PloS one, 4*(10), e7487.

Seidel, A., & Prinz, J. (2018) Great works: A reciprocal relationship between spatial magnitudes and aesthetic judgment. *Psychology of Aesthetics, Creativity, and the Arts, 12*(1), 2-10.

Silvia, P. J. (2010) Confusion and interest: The role of knowledge emotions in aesthetic experience. *Psychology of Aesthetics, Creativity, and the Arts, 4*(2), 75-80.

Silvia, P. J., Fayn, K., Nusbaum, E. C., & Beaty, R. E. (2015) Openness to experience and awe in response to nature and music: Personality and profound aesthetic experiences. *Psychology of Aesthetics, Creativity, and the Arts, 9*(4), 376-384.

Silvia, P. J., & Nusbaum, E. C. (2011) On personality and piloerection: Individual differences in aesthetic chills and other unusual aesthetic experiences. *Psychology of Aesthetics, Creativity, and the Arts, 5*(3), 208-214.

戸田正直 (2007)『感情：人を動かしている適応プログラム』東京大学出版会.

戸梶亜紀彦 (2001)「『感動』喚起のメカニズムについて」『認知科学』*8*(4), 360-368.

van Elk, M., Karinen, A., Specker, E., Stamkou, E., & Baas, M. (2016) 'Standing in awe': The effects of awe on body perception and the relation with absorption. *Collabra: Psychology, 2*(1), 1-16.

Wassiliwizky, E., Wagner, V., Jacobsen, T., & Menninghaus, W. (2015) Art-elicited chills indicate states of being moved. *Psychology of Aesthetics, Creativity, and the Arts, 9*(4), 405-416.

Zhang, J. W., Piff, P. K., Iyer, R., Koleva, S., & Keltner, D. (2014) An occasion for unselfing: Beautiful nature leads to prosociality. *Journal of environmental psychology, 37*, 61-72.

7章　絵やデザインのある風景
── 異次元への入口を探して

（アルトちゃんは3時間目の開始が近づいているのに気づく。）

　　アルトちゃん　あ、今日は講評だから少し前に集合しないといけない
んだった。授業は勝手に入るとまずいから、美術館にでも行って待っ
てて。ここの美術館は静かでいいよ。

　シンリ君　昔一緒に行った、印象派の展覧会はすごい人だったもんね。

　アルトちゃん　ほんとそれ。印象派の展覧会とかってアホみたいに混んでて
うんざりする。混みすぎてると一枚の絵を時間かけてじっくり見れない。はっ
きり言って有名な画家っていう雰囲気で来て友だちと「きれいねー素敵ねー」
という人たちは何しに来てるんだ。暇なのか。金払うから会員制にしてほしい
わ。だいたい絵っていうんは一人で見てなんぼのものやんか。映画館で映画見
てるときに喋るやつおったらめっちゃ嫌やろ、本は二人で読めんやろ、仕方な
く一緒に見とるんじゃい。なんでなん？　みんなぱっと見てわかるん？　これ
みんなどう思ってんの？

　シンリ君　まあまあ。それでも美術館だからいいこともあるでしょ。

　アルトちゃん　まあそれはそうだな。美術館に入れば作品を見るモー
ドになれる。思えば私の非日常の特別な出来事ってほとんど美術館で起こって
るかも。セザンヌとポロックとルドン見たときにはたまげたよね。画集で見て
も気にしてなかった画家だったのに。

　シンリ君　美術館って特別な場所だよね。美術館って誰でも楽しめるけど、
やっぱり絵をちゃんとやっている人とそうでない人って絵の見方にもギャップ
があるよね。でもさ、ちゃんと邪道な楽しみ方があることも大切なことだと思
うんだ。そうしないと一部の「マニア」だけのものになってしまう。

　アルトちゃん　それじゃいかんの？

休みの日に美術館を訪れる人は少なくない。言い換えると、美術館で作品を観ることは、少なくとも一部の人にとっては、さまざまな余暇の楽しみ方の一つであるといえるだろう。では人はどのように作品を見るのだろうか。その見方に専門的知識や経験の有無は関係するのだろうか。人びとは何のために美術館に来て、そして何を得て帰っていくのだろうか。

（シンリ君、トツゼン説明モードに入る。）

1　鑑賞者はどのように作品を見るのか

17秒間 ・・・ これは、メトロポリタン美術館来館者150人が、人気の作品一点を見るのにかけた時間の中央値である。平均値だと27.2秒で、一つの作品に2分以上かけた人は150人中5人だけだったらしい（Smith et al., 2001）（**アルトちゃん** 私はたまに1時間かけることがあるけど・・・）。何か月もかけた作品を見てもらうのに、これは短すぎるように思えるかもしれない。しかし、絵の印象をつかむだけであれば、これでも十分だと考えられる。ある研究（Locher, 2006）によると、絵を見るという行為には2段階あり、最初のおよそ300ミリ秒〜2秒という短時間に行われる第1段階では、絵の内容、全体の構成、その意味の解釈、それらに対する情動的反応の評価が行われるという。情動的反応の評価は、このごく短い時間で行われるために、「最初の一瞥」と「時間制限なし」とで絵の印象に違いがないことが多いと言われている（r=0.73）。このように最初のわずかな時間で絵についての印象が形成されるという知見は、他の研究（Smith et al., 2006）でも確認されている。

ただし、これで絵を見るということが十分というわけではない。人はこの第1段階で印象形成を行った後、第2段階で、イメージの焦点的理解を行う。この段階ではその絵の中で注目すべき視覚的特徴について、見ることと考えることを繰り返すことを通して、認知的好奇心が満足され、作品の美的評価が促進されると考えられている。そのため見る時間を短く制限された場合に比べて、長く見ることを許されたほうが満足度が高くなる傾向にある。

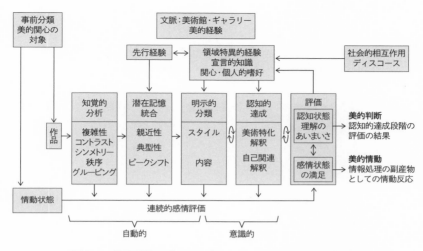

図7-1 絵画鑑賞のプロセス（Leder et al., 2004をもとに作成）

　では、鑑賞者は具体的に絵の何をどのように見ているのだろうか。絵画鑑賞時の視線の動きを計測した研究では、鑑賞を始めた直後は、一般に画面の中央部分や（Kapoula et al., 2009：また作家自身、中心的な主題は中央に置く傾向があるという研究もある）、色や輝度といった画面上の視覚的な特徴（これを顕著性マップという）など（Itti et al., 2000）、作品に埋め込まれた視覚的特徴に視線が誘導される傾向があることが知られている。しかし、それは鑑賞開始直後だけであり、その後すぐに鑑賞者はその関心や知識に基づいて把握された主題などによって、主体的にトップダウン的に見るようになると考えられている。

　別の観点から見れば、絵画鑑賞のプロセスは図7-1のように示される。この図の各段階は大きく3つに分けることができる。第1は、コントラストやシンメトリーといった低次の知覚的特徴に基づく自動的な処理の段階であり、第2は、スタイルや内容についての無意識的な分析の段階であり、第3は、自己に照らし合わせて意識的に思考する高度な意識的処理の段階である。この最後の段階では、絵によって語られる声に耳を傾け、個人の関心や思想に照らして実存的意味が探求され、自己の在りようを振り返ると考えられている（Sullivan et al., 2009）。

　　アルトちゃん　なに、この図わけわからん … どうやって調べてるんだこん

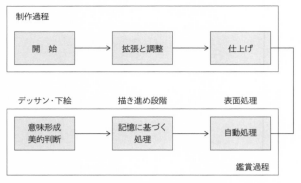

図7-2 制作と鑑賞を結びつけたモデル (Tinio, 2013)

なこと。絵を見るのはこんなに大変なのか・・・

　シンリ君　だから絵を見ると疲れるんじゃないの？

　これに対して、鑑賞過程を制作過程との関係で理解しようとする考え方もある (Tinio, 2013；図7-2)。これによると、制作過程において作家は、①開始、②拡張と調整、③仕上げという段階を経る。つまり、最初の「開始」段階において複数のデッサンを描き、アイデアを自由に想起したのち、その中の一つを選択する。次の「拡張と調整」段階において、デッサンをもとに現在のその作品の状況を確認しながら、特定の要素を加えたり、変更したり、削除したりして明確にしていく。最後の「仕上げ」段階においては、大きな変更は行われず、最初に鑑賞者の目に触れる表面の微修正が行われる。

　鑑賞過程でこれらは逆のプロセスを経る。まずは制作の③仕上げの段階で加えられた質感や色などの表面処理に導かれて印象を形成し、続いて②拡張と調整の段階で描かれた絵の中のモノや形とその配置について記憶と照らし合わせて理解したうえで、①開始の段階で制作者が表現しようとしたものについて思いを巡らせ、自身と結びつける。もちろん作家が考えたことをそのとおりに鑑賞者が受け取る必要はないという考えもあるが (Barthes, 1968)、制作者の制作時の感情や意図は鑑賞者によって一定程度共有されることが示唆されている (Pelowski et al., 2018)。

　少し脱線するが、一般的に人間の判断の多くは、2重過程モデルという考え方で説明できると考えられている (Kahneman, 2011)。この考え方によると、

人の判断は、無意識的で自動的で直感的で高速なシステム１と、意識的で意図的で分析的で低速なシステム２という二つのシステムのいずれかで主に行われる。日常における判断の大部分は、このうちのシステム１で行われている。コンビニの陳列棚からいつものお菓子を一つ選んでレジに持っていくのも、空いている座席のどこに座るか選ぶのも、どれを選んでもたいして変わらないと思われるときには、立ち止まって熟考することなく、直感的に決定する。ごくまれにあとで後悔するかもしれないけれども、人は今までの経験に基づいて、まあまあ良い判断をする。それがシステム１の特徴である。他方で、システム２を使って熟考するのは、選択によって大きな違いが生まれると感じられるときだ。課題や仕事で疲れたときに、今日使っていい200円で最大限満足を得られるお菓子を選ぶのなら、いろいろな観点から吟味して慎重に選ぶかもしれない。

　アートやデザインの鑑賞もこのプロセスで説明できると考えられている。一つは、少し前に紹介した安全欲求と達成欲求（Hekkert et al., 1996）をもとに鑑賞プロセスを説明したもので、PIAモデル（Pleasure-Interest Model of Aesthetic liking）と呼ばれる（Graf et al., 2015）。このモデルでは、人はアートやデザインを見るとき、まずは、その対象の視覚的特徴に対してシステム１的な処理を進める。そこでは、安全欲求に関わる、統合性、典型性、つながりの強さに基づいて、快（好ましさ）が得られる。しかし、処理はそこで終わるのではなく、その作品が、達成欲求に関わる、多様性、新奇性、ユニークさを提供してくれるのであれば、鑑賞者の知識、興味、関心に基づいてシステム２的な処理を進め、興味を深めることになる。システム２の処理には相応の知識や興味、関心が必要であるので、これが鑑賞の個人差を生み出していると考えられる。また、このモデルでは、６章で話した最初の印象の一貫性とは異なり、後者が行われると前者での評価は書き換えられると想定されている。つまり、最初は、統合性、親近性、つながりが低いので面白くないと思っても、多様性、新奇性、ユニークさに基づいて面白さが感じられれば、その絵の鑑賞体験は満足されるものとなる。

　少し前（5章）に話した処理の流暢性と、この2重過程理論を組み合わせて鑑賞過程を説明する考え方もある（Belke et al., 2010）。この考え方では、前に話した知覚的流暢性（作品の視覚的特徴に基づく自動的無意識的処理の流暢性）と概念的流暢性（意味の理解、刺激の解釈、認知的評価の処理の流暢性）がそれぞれシステム１とシステム２に対応すると考える。すなわち、作品に対

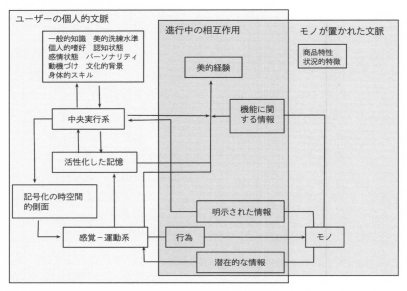

図7-3　プロダクトに対する情報処理（Locher et al., 2010 をもとに作成）

面すると人はまずはシステム1的な直感的過程で作品の特徴に基づいて流暢性を評価し、その後システム2的な熟考的過程で、作家の意図が腑に落ちるものかどうかを評価していると考えられる。

　なお、このような鑑賞プロセスの説明モデルには、プロダクトデザインの領域に特化したものもある（Locher et al., 2010；図7-3）。プロダクトの場合は、視覚的情報だけではなく、実際の使用が印象の形成に影響するので、このモデルでは使用しての感覚や機能も評価に影響を与えると考えられている。手の「自己」への働きかけを重視する立場もある。ノーマン（Norman, 2004）は、プロダクトから受ける影響を、本能レベル（外観の魅力）、行動レベル（性能、使用感）、内省レベル（自己イメージや価値観）に分け、それぞれのレベルでのデザインの必要性を説く。ノーマンは、外観レベルを変わりにくく、内省レベルを変わりやすいものと捉えたが、梅澤（1994）は、下位に「対象・所有ニーズ」（RVが欲しい）、次に「行為ニーズ」（家族とドライブがしたい）、最上位に「状態・存在ニーズ」（良い父親でありたい）をおき、下位の方が変わりやすいと考え、上位ニーズを満たす重要性を指摘した。

2 経験と鑑賞

　このように、3つのモデルすべてにおいて、最後の過程では、記憶や自己に照らした意識的処理が行われていることが示されている。そのため、思考を深めるうえで知識や経験の多寡は重要な要素となるだろう（Bauerほか, 2018）。

　先ほど紹介したのとは別の、人が絵を見るときの視線の動きを分析した研究（Nodine et al., 1993）で、300ミリ秒以下の短い固視（あちこちに目を移して興味深い点を探す分散的探索）と、400ミリ秒以上の長い固視（全体的な主題の意味や意義について浮かんだ問いを解く集中的探索）の割合を調べたところ、専門的トレーニングを受けていない人に比べて、専門的トレーニングを受けている人のほうは長い固視（集中的探索）の割合が多いことが見出された。また、別の研究（Zangemeister et al., 1995）では、専門的トレーニングを受けていない人は主題周辺の狭い領域での固視点の移動が多いのに対して、専門的トレーニングを受けている人は、広い領域にわたる固視点の移動を行っていた。また、専門的トレーニングを受けた人は抽象画を見るときに、具象画を見るときよりも瞬きが少なくなっており、これは、絵全体としての表現を理解するために集中して見ているからだと考えられている。これらのことは専門的トレーニングを受けている人のほうが、そうでない人に比べて、考えるための材料を多くもっており、多くもっているから楽しめる可能性を示唆しているだろう（実際有名な作品を鑑賞する場合でも、アートの訓練を受けていない人は受けている人に比べて楽しめない：Locher et al., 2001）。しかし、絵が楽しめるというのは知識のある制作者には当然のことなので、制作者が絵画鑑賞経験の少ない人の気持ちを想像するのは困難かもしれない。

　また、アートに関する経験や知識の乏しい人が絵を主体的に楽しめない別の理由として、経験の浅い人ほど絵画の主題に注目しがちであって、絵画の具体的な視覚的要素（色や形、構造など）に目が向けられないという制約（Zangemeister et al., 1995）、写実的でなければならないという制約（写実性の制約：石橋ほか, 2010）があると言われる。

　このような、知識と制約といった絵を楽しむ上での壁を乗り超える方法については、タイトル、解説文を加えるなど、さまざまな方法が模索されている。ここではそのいくつかの方法について取り上げてみよう。

タイトルを見るというのは、絵画の内容とタイトルが一致しているときには、作品の概念的流暢性が低い鑑賞者にとって、概念的流暢性を促進して、その絵に対する理解や好ましさを高めることになる（Leder et al., 2006）。作者の意図がわかった瞬間に好きになる（Muth et al., 2015）というのは、多くの人に当てはまる現象である。作品が理解できない場合には、混乱の感情を引き起こすことになるだろう。

　他方で、知識や経験を十分にもっていてその作品の概念的流暢性が高い人にとっては、内容と一致したタイトルを示されても、自由な解釈を制約することにしかならないだろう。そのような人にとっては逆に、内容と一致しないタイトルのほうが、考える視点が増えるので好まれる（Gerger et al., 2015）。ただしこれは、単に内容と一致しなければよいわけではなく、タイトルが作品についての思索を深めるきっかけとなる精緻化効果をもち、豊かで一貫した体験をもたらす場合に限られると考えられている（Millis, 2001）。

　同様に、解説文の効果についてもさまざまな研究がある。一部の研究（田中ほか, 2013）は、構図についての解説文を提示することで、先ほどの写実性の制約や内容にのみ注目するという制約が弱まることを指摘している。また別の研究は、作品の背景についての情報を提供することで、作品の理解が進み、好ましさが高まることを報告している（Keller et al., 2019: Swami, 2013）。

　また、先ほど紹介した制作と鑑賞プロセスを結びつけたモデルから示唆されるのは、制作と鑑賞が結びついているということである。実際、芸術制作に対して無力感を感じている人ほど制作者を特殊な人と見なし、芸術にネガティブなイメージをもち、自らが表現する意欲にも、鑑賞しようとする意欲にも否定的になりがちであることが知られている（縣ほか, 2010）。逆に、美術活動経験の多さは自らの表現に対する自己評価を媒介とし、「他者の創作過程の推測や評価を伴う鑑賞」や「自分と他者の表現の比較を伴う鑑賞」に影響することが指摘されている（石黒ら, 2018）。そのため、制作者や制作過程についての理解を深めるような展示、具体的にはアーティストと学生のコラボレーション作品を展示することで、アーティストに対する考えが変わり、制作過程について理解が増し、自分とアーティストの共通性の発見が起こったという報告もある（縣, 2009）。さらには絵を見るときに、その絵を描いた際の、筆をもった手の画像を見るだけで、絵の評価が高まるという研究もある（Ticini et al., 2014）。

　これらの研究は、芸術と距離を感じて、関心をもたない人にどのように関心

をもつ機会を与えるかを考えるうえで参考になるかもしれない。

　アルトちゃん　タイトルとか解説なんかで先入観をもたずに、純粋に絵を見てほしいけどな。
　シンリ君　絵の経験のある人はそうみたいだね。解説文が絵の好ましさに与える影響は、見る人の経験によって異なり、経験のある人は解説文があることで絵の評価は下がるんだけど、経験のない人は解説文があることで絵の評価は上がる（Belke et al., 2006）。もともと経験のある人にとって解説は鑑賞の制約になるけど、経験のない人にとっては手がかりになるんだろうね。

3　美術館とはどのような場所か

　作品の鑑賞過程を考えるときには、①作品の視覚的特徴といった作品の要因だけではなく、②見る人の性格や感情状態、興味、知識、経験といった鑑賞者の要因や、③どのような文脈で、どのような人の中で、どのような空間で鑑賞するかという文脈・社会・空間的要因も検討する必要がある。たしかに作品の価値はどこに展示しても変わらないかもしれないが、美術館にあることで、その価値が明確になることも少なくないだろう。

　美術館が特別な空間であることを示す研究がある。この研究（Brieber et al., 2014）では、同じ作品を、美術館および実験室で参加者に見せて、目の動きをモニタリングするとともに、参加者に絵の評価をするように求めた。その結果、参加者は、美術館でそれらの作品を見たほうが、実験室で見るよりも、よりそれらの作品を好み、より興味をもち、より長く見ていることがわかった。また、美術館では作品に多様な解釈が可能であるほど見ている時間は長くなる傾向にあったが、実験室では、多様な解釈が可能であるほど見ている時間が短かった。このことは美術館という文脈が、一見理解できない絵でも理解しようという意欲を高めることを示唆しているだろう。

　また、たとえば、同じ「グロテスクな写真」でも、それが美術作品として提示されると、そうでない場合に比べて、ネガティブな感情の強さこそ変わらないがポジティブな感情は増加することが報告されている（Wagner et al., 2014）。これは、作品として見ることで、表現として考えるようになるからだと説明されている（6章参照）。また同様に、同じ作品でも、コンピュータで自動生成し

た作品として示された場合に比べて、美術館に収蔵されている作品として示された場合に、それを人は高く評価し、両者で脳の活動にも違いが生じることも明らかにされている（Kirk et al., 2009）。

　これらの背景には美術作品だということで威信（prestige）バイアスが生じている可能性も否定できないが、ネガティブ感情に変化が生じなかったことを考え合わせると、先ほど（6章）話したように「作品として見る」というのは特別な関わり方である可能性を示している。このように、美術館は「作品」として関わることを促進することを通して、人びとの鑑賞体験に影響していると考えられている。

　これまでは、美術館にやってきた人がどのように作品を鑑賞するのかという話をしたが、そもそも人はなんのために美術館や博物館にやってくるのだろうか。美術館に限らず広く博物館について行われたある研究（Goulding, 1999）は、インタビューと観察に基づいて博物館に来る人に3つの類型があることを見出している。それは、①人生の意味を探す実存重視行動者、②真に価値あるものに触れたい美重視行動者、③レジャーとして楽しみたい社会重視行動者の3類型である。これら3類型は、①文化的なアイデンティティの確認、②自己の確認・距離化・役割・社会的所属の確認、③本物に触れ、何が本物かを知る、④なつかしいという感情の喚起と強化、⑤社会的な関わりまたは個人的関わり、といった博物館への期待の5つの次元の強弱において異なっていた。

　この類型は、美術館に来る人についてもある程度当てはまると考えられる。これらの分析から、美術館・博物館を訪れるというのは、遊園地に行く、水族館に行く、スポーツ観戦に行くといったレジャーや社交の一種であるとともに、宝飾品や工芸品などの一流品に触れるといった美的趣味の一種であり、小説や映画に没頭するといった自己の存在について考え直す時間の一種でもあることが読みとれる。①人生の意味を探す実存重視行動者、②真に価値あるものに触れたい美重視行動者にとって、③レジャーとして楽しみたい社会重視行動者は不可解で迷惑に見えるかもしれないが、普段と違うものを間に挟んで、他者と美術館の中や外で議論をするというのは、他者との結びつきを強めるという人間にとってとても重要な目標に貢献していると言えるかもしれない（Jafari et al., 2013）。

　他方、スミス（Smith, 2014）は、別の観点から美術館来訪者を5つのタイプに分けている。それによると、①「探求者」は、従来型の来訪者であり、新し

いことを学ぶのが目的で、美術館の収蔵品に関心があるから訪れるタイプである。②「経験追及者」は、新しい経験を求める。美術館に行くのは「行くべき展覧会」だからであり、内発的動機ではなく、たとえば「ルーブルには行ったことがある」と他の人に言えることが重要なタイプである。③「ファシリテータ」は、他の人のために訪れるタイプであり、子どもを連れてくる親などがこの類型に入る。④「専門家／趣味人」は、美術館にそれぞれの目的の実現のためにやってくる。⑤「充電者」は、美術館に非日常を求め、美術館を自分らしさを取り戻す場所として利用する（Packer et al., 2010）。この5番目は、美術館の社会における機能をよく表していると言える。

スミス（Smith, 2014）の言うように、美術館は、私たちが何者であり、過去に何者であって、何者になりうるのかを示すところであり、人びとはそこでの偉大な作品との出会いを日常生活に取り込む。このとき作品は、個人を振り返る乗り物、ある種の鏡なのだろう。このような出会いは、人を成長させるだけではなく、唾液中のコルチゾールや血圧のような生理指標に表れるストレスを低下させる効果があることが知られている（Camic et al., 2013; Clow et al., 2006; Mastandrea et al., 2019）。

もちろん、人が美術館に行く目的にはどの美術館でも共通点する部分と美術館の種類によって異なる部分がある。古い絵画を多く収蔵した美術館に来館する人も、現代の絵画を多く収蔵した美術館に来館する人も、美的な楽しみや喜びを感じることや興味を満たすことを目的としていることに違いはないが、前者は知的な学習を求めて来る人が多いのに対して、後者はより刺激を求めている人が多いことが示されている（Mastandrea et al., 2009）。

さらに、音楽や演劇と比較すれば、絵画・デザインを見に行くことが社会の中で果たす役割が明確になるかもしれない。音楽の心理学については多くの研究があるが、絵画鑑賞と音楽鑑賞で体験の共通性が一定程度認められる一方で、絵画などの視覚芸術と異なり、音楽のほうが「泣き」（crying）の感情が生起することが多いことが指摘されている（Cotter et al., 2018）。

他方、演劇は、人工的に作られたフィクションであるゆえに、①感情移入や共感といった感情や、②新奇性、複雑性、自身の人生への意味づけといった認知・思考欲求とともに、③コミュニケーション欲求が喚起されることが指摘されている（Boerner et al., 2013）。この3つ目の点、すなわち体験や雰囲気の（観衆相互やアーティストとの）共有性やコミュニケーションが重視されるとい

う点が、絵画・デザインを見に行く場合とは異なる点と言えるだろう。しかし、たとえば公園等に設置されたパブリックアートやアートフェスティバルは、ある意味ではこれを満たしていると言えるかもしれない。

　また、野外での鑑賞体験については、ストリートパフォーマンスの鑑賞体験に関する研究（Ho et al., 2018）がある。インタビューと質問紙調査に基づくこの研究で、ストリートパフォーマンスの体験は、情動、知的興味、相互作用、技術に加えて、新奇性と場所性の6次元で評価されることが示された。これは、美術館での体験とは異なって、公園なのか路上なのか、どんな地域なのかなど、それが行われる場所の個性の要素も体験の評価に影響することが示されている。また、パフォーマンスの新奇性も、美術館には普段あまり求められないものだろう。

　以上のことから、美術館というのは、単に 絵を置いてある場所ではなく、社会において重要な装置であると言える。もちろんそれは、他の装置と代替可能かもしれない。アルトちゃんが美術館で満たしているものを、清掃担当の八木さん、田中さんは、音楽ライブで、あるいは野球スタジアムで満たしているかもしれない。しかし、それらは必ずしも固定的なものではなく、まだ美術館での楽しみ方を知らないという理由で、美術館を訪れていない人も少なくないのかもしれない。

　　シンリ君　アルトちゃん、おかえり。どうだった？

　　アルトちゃん　友だちが先生に「上手だね」って言われていて気の毒だった。それって面白くないってことだから。

　　シンリ君　そうだよね。絵から何かを感じるときって「うまい」が前景にあると邪魔かもね。

　　アルトちゃん　そうなのよ。絵が見えるとかわかるとかってホント不思議だ。あるとき突然、そのチャンネルに合うようになる。君が言う知識とか訓練って、下準備なのかもしれない。その絵が初めて「見えた」ときの衝撃はすごかったなあ。でも、衝撃でいうと、もうこれ以上すごいことが起こることはない気がする。全部20歳前かな。

　　シンリ君　そうそう、20代前後って衝撃を受けやすいときなんだよね。基本的に若いときのほうが、自分のスキーマが少ないので新しいスキーマに出会って衝撃を受ける可能性が高いのだけど、20歳前後ってちょうど重要な時期なん

だよね。というのは、それまでは親や環境によって提供された価値基準で生きていたのが、ちょうどこの時期に、親から独立して自分で世界に対する価値基準を再構成するので、衝撃を受けやすいらしい（North et al., 1999）。逆に言うと、その時期を過ぎてしまうと、もう世界に対する価値基準は決まっているので、衝撃を受けにくくなってしまうとも言えるかもね。

　アルトちゃんは制作は自分のためだと言うし、そのとおりの側面もあると思うけど、アルトちゃんがいろいろな作家の作品に感動したように、僕はそこで作られた作品って他の人をより生かしてくれるものだとも思うんだ。別に誰かのためにやっているつもりはなくても、本人以外のためにならない蓄財とは違う、他の人にも価値のある探求がそこにはある。だから芸術家は尊敬されるんじゃないかな。

コラム　アール・ブリュット（生の芸術）・アウトサイダーアート

　作品は、専門的技術や精神性という意味での芸術家、あるいは職業としての芸術家だけではなく、そのいずれでもないとされる人によっても制作される。作品制作には、本人も意識していない価値観や美意識も反映されるが、多くの「芸術家」のように美術教育を受けた人は、共通する価値観や美意識、慣習をもっており、それが作品にも反映されている可能性は少なくない。それに対して、そのような訓練を受けていない人や、訓練の有無を越えて固有の体験をしている人は、いわゆる「芸術家」が制作したのとは異なる価値や美意識を示すことがある。これらの一部はアール・ブリュットやアウトサイダーアートと呼ばれ、高く評価されている。

　アール・ブリュットあるいはアウトサイダーアートという言葉は、美術の専門教育を受けていない人の作品を指す場合と、精神障害・知的障害・発達障害など障害をもった人や路上生活者や犯罪者など、社会的に排斥されがちな人の作品を指すことがある。アウトサイダーアートについての心理学的研究は少ないが、ある研究（White et al., 2014）では、一般の人がさまざまなアウトサイダーと呼ばれる人の作品を（どの作品がアウトサイダーの作品かを知らされなかったときに）どう評価するかを検討している。ここで評価される対象となる作品は、連続殺人犯（Francesfamersrevenge.com に掲載。サイトは現在は閉鎖）、受刑囚（Prisonart.org に掲載）、自称アウトサイダー（DeviantArt.

com に収録）、自称普通の人（ArtBreak.com に掲載）、著名な芸術家（グッゲン
ハイム美術館に収蔵）の手によるものであった。

　調査の結果、一般の人は、自称アウトサイダーの作品とともに自称普通の
人の作品の創造性を、著名な芸術家や連続殺人犯、受刑囚の作品の創造性よ
りも高く評価することがわかった。なお、この研究で作品を評価しているの
は、美術のトレーニングをまったく受けていない素人である。このような
人が最も高く評価したのが自称アウトサイダーの DeviantArt.com の作品で
あったことからもわかるように、この結果は、芸術家が好むような作品より
も平易な表現を素人が好んだため（Winston et al., 1992）に起こったのであり、
専門家が見たときには評価は逆転すると考えることもできるだろう。しか
し、統計が率直に示すように、あるカテゴリーの人であるから（障害者だか
ら、犯罪者だから）面白い作品を作るのではなく、自己の知覚や体験を表現
に昇華する能力が高かったから作品が評価されることになったと考えること
もできるだろう。

【引用文献】

縣拓充・岡田猛 (2009)「美術創作へのイメージや態度を変える展示方法の提案とその効果の検
　討」『美術教育学：美術科教育学会誌』*30*, 1-14.

縣拓充・岡田猛 (2010)「美術の創作活動に対するイメージが表現・鑑賞への動機づけに及ぼす影
　響」『教育心理学研究』*58*(4), 438-451.

Barthes, R. (1968) La mort de L' auteur.〔バルト, R. ／花輪光（訳編）(1979)「作者の死」『物語
　の構造分析』(pp.79-90) みすず書房.〕

Bauer, D., & Schwan, S. (2018) Expertise influences meaning-making with renaissance portraits:
　Evidence from gaze and thinking-aloud. *Psychology of Aesthetics, Creativity, and the Arts, 12*(2),
　193.

Belke, B., Leder, H., & Augustin, D. (2006) Mastering style. Effects of explicit style: related
　information, art knowledge and affective state on appreciation of abstract paintings. *Psychology
　Science, 48*(2), 115-134.

Belke, B., Leder, H., Strobach, T., & Carbon, C. C. (2010) Cognitive fluency: High-level processing
　dynamics in art appreciation. *Psychology of Aesthetics, Creativity, and the Arts, 4*(4), 214.

Boerner, S., & Jobst, J. (2013) Enjoying theater: The role of visitor' s response to the
　performance. *Psychology of Aesthetics, Creativity, and the Arts, 7*(4), 391-408.

Brieber, D., Nadal, M., Leder, H., & Rosenberg, R. (2014) Art in time and space: Context
　modulates the relation between art experience and viewing time. *PloS one, 9*(6), e99019.

Camic, P. M., & Chatterjee, H. J. (2013) Museums and art galleries as partners for public health
　interventions. *Perspectives in public health, 133*(1), 66-71.

Clow, A., & Fredhoi, C. (2006) Normalisation of salivary cortisol levels and self-report stress by a brief lunchtime visit to an art gallery by London City workers. *Journal of Holistic Healthcare, 3*(2), 29-32.

Cotter, K. N., Silvia, P. J., & Fayn, K. (2018) What does feeling like crying when listening to music feel like? *Psychology of Aesthetics, Creativity, and the Arts, 12*(2), 216-227.

Gerger, G., & Leder, H. (2015) Titles change the esthetic appreciations of paintings. *Frontiers in Human Neuroscience, 9,* 464.

Goulding, C. (1999) Contemporary museum culture and consumer behaviour. *Journal of Marketing Management, 15*(7), 647-671.

Graf, L. K., & Landwehr, J. R. (2015) A dual-process perspective on fluency-based aesthetics: The pleasure-interest model of aesthetic liking. *Personality and social psychology review, 19*(4), 395-410.

Hekkert, P., & Van Wieringen, P. C. (1996) Beauty in the eye of expert and nonexpert beholders: A study in the appraisal of art. *The American Journal of Psychology, 109*(3), 389-407.

Ho, R., & Au, W. T. (2018) Development of Street Audience Experience (SAE) Scale. *Psychology of Aesthetics, Creativity, and the Arts, 12*(4), 453-470.

石橋健太郎・岡田猛 (2010)「他者作品の模写による描画創造の促進」『認知科学』*17*(1), 196-223.

石黒千晶・岡田猛 (2018)「絵画鑑賞はどのように表現への触発を促進するのか？」『心理学研究』*90,* 21-31.

Itti, L., & Koch, C. (2000) A saliency-based search mechanism for overt and covert shifts of visual attention. *Vision research, 40*(10-12), 1489-1506.

Jafari, A., Taheri, B. & vom Lehn, D. (2013) Cultural consumption, interactive sociality, and the museum. *Journal of Marketing Management, 29*:15-16, 1729-1752.

Kahneman, D. (2011) *Thinking, fast and slow.* Macmillan.

Kapoula, Z., Daunys, G., Herbez, O., & Yang, Q. (2009) Effect of title on eye-movement exploration of cubist paintings by Fernand Léger. *Perception, 38*(4), 479-491.

Keller, A., Sommer, L., Klöckner, C. A., & Hanss, D. (2019) Contextualizing information enhances the experience of environmental art. *Psychology of Aesthetics, Creativity, and the Arts, 14,* 264-275.

Kirk, U., Skov, M., Hulme, O., Christensen, M. S., & Zeki, S. (2009) Modulation of aesthetic value by semantic context: An fMRI study. *Neuroimage, 44*(3), 1125-1132.

Leder, H., Belke, B., Oeberst, A., & Augustin, D. (2004) A model of aesthetic appreciation and aesthetic judgments. *British Journal of Psychology, 95*(4), 489-508.

Leder, H., Carbon, C. C., & Ripsas, A. L. (2006) Entitling art: Influence of different types of title information on understanding and appreciation of paintings. *Acta Psychologica, 121,* 176-198.

Leder, H., & Nadal, M. (2014) Ten years of a model of aesthetic appreciation and aesthetic judgments: The aesthetic episode—Developments and challenges in empirical aesthetics. *British Journal of Psychology, 105*(4), 443-464.

Locher, P. (2006) The usefulness of eye movement recordings to subject an aesthetic episode with visual art to empirical scrutiny. *Psychology Science, 48,* 106-114.

Locher, P., Overbeeke, K., & Wensveen, S. (2010) Aesthetic interaction: A framework. *Design Issues, 26*(2), 70-79.

Locher, P. J., Smith, J. K., & Smith, L. F. (2001) The influence of presentation format and viewer training in the visual arts on the perception of pictorial and aesthetic qualities of paintings. *Perception, 30*(4), 449-465.

Mastandrea, S., Bartoli, G., & Bove, G. (2009) Preferences for ancient and modern art museums: Visitor experiences and personality characteristics. *Psychology of Aesthetics, Creativity, and the Arts, 3*(3), 164-173.

Mastandrea, S., Maricchiolo, F., Carrus, G., Giovannelli, I., Giuliani, V., & Berardi, D. (2019) Visits to figurative art museums may lower blood pressure and stress. *Arts & health, 11*(2), 123-132.

Menninghaus, W., Wagner, V., Hanich, J., Wassiliwizky, E., Jacobsen, T., & Koelsch, S. (2017) The distancing-embracing model of the enjoyment of negative emotions in art reception. *Behavioral and Brain Sciences, 40*, 1-58.

Millis, K. (2001) Making meaning brings pleasure: The influence of titles on aesthetic experiences. *Emotion, 3*, 320-329.

Muth, C., Raab, M. H., & Carbon, C. C. (2015) The stream of experience when watching artistic movies. Dynamic aesthetic effects revealed by the continuous evaluation procedure (CEP) *Frontiers in Psychology, 6*, 365.

Nodine, C. F., Locher, P. J., & Krupinski, E. A. (1993) The role of formal art training on perception and aesthetic judgment of art compositions. *Leonardo, 26*(3), 219-227.

Norman, D. A. *Emotional design: Why we love (or hate) everyday things.* Basic Books.〔ノーマン, D. A. ／岡本明ほか（訳）(2004)『エモーショナル・デザイン：微笑を誘うモノたちのために』新曜社.〕

North A. C., & Hargreaves, D. J. (1999) Music and adolescent identity. *Music Education Research, 1*, 75-92.

Packer, J., & Bond, N. (2010) Museums as restorative environments. *Curator: The Museum Journal, 53*(4), 421-436.

Pelowski, M., Specker, E., Gerger, G., Leder, H., & Weingarden, L. S. (2018) Do you feel like I do? A study of spontaneous and deliberate emotion sharing and understanding between artists and perceivers of installation art. *Psychology of Aesthetics, Creativity, and the Arts*, 276-293.

Smith, J. K. (2014) *The museum effect: How museums, libraries, and cultural institutions educate and civilize society.* Lanham, Maryland: Rowman & Littlefield Publishers.

Smith, J. K., & Smith, L. F. (2001) Spending time on art. *Empirical Studies of the Arts, 19*(2), 229-236.

Smith, L. F., Bousquet, S. G., Chang, G., & Smith, J. K. (2006) Effects of time and information on perception of art. *Empirical Studies of the Arts, 24*(2), 229-242.

Sullivan, P., & McCarthy, J. (2009) An experiential account of the psychology of art. *Psychology of Aesthetics, Creativity, and the Arts, 3*(3), 181-187.

Swami, V. (2013) Context matters: Investigating the impact of contextual information on aesthetic appreciation of paintings by Max Ernst and Pablo Picasso. *Psychology of Aesthetics, Creativity, and the Arts, 7*(3), 285-295.

田中吉史・松本彩季 (2013)「絵画鑑賞における認知的制約とその緩和」『認知科学』*20*(1), 130-151.

Ticini, L. F., Rachman, L., Pelletier, J., & Dubal, S. (2014) Enhancing aesthetic appreciation by priming canvases with actions that match the artist' s painting style. *Frontiers in Human Neuroscience, 8*, 391.

Tinio, P. P. (2013) From artistic creation to aesthetic reception: The mirror model of art. *Psychology of Aesthetics, Creativity, and the Arts, 7*(3), 265-275.

梅澤伸嘉 (1994)「消費者ニーズ」岡村一成（編）『産業組織心理学入門（第2版）』(pp.194-200) 福村出版.

Wagner, V., Menninghaus, W., Hanich, J., & Jacobsen, T. (2014) Art schema effects on affective experience: The case of disgusting images. *Psychology of Aesthetics, Creativity, and the Arts, 8*(2), 120-129.

White, A. E., Kaufman, J. C., & Riggs, M. (2014) How "outsider" do we like our art?: Influence of artist background on perceptions of warmth, creativity, and likeability. *Psychology of Aesthetics, Creativity, and the Arts, 8*(2), 144-151.

Winston, A. S., & Cupchik, G. C. (1992) The evaluation of high art and popular art by naive and experienced viewers. *Visual Arts Research, 18*(1), 1-14.

Zangemeister, W. H., Sherman, K., & Stark, L. (1995) Evidence for a global scanpath strategy in viewing abstract compared with realistic images. *Neuropsychologia, 33*(8), 1009-1025.

8章　動物は造形を行うか？
―― 目の前のリンゴ、心の中のリンゴ、
　　絵の中のリンゴ

（せっかくなので、アルトちゃんはシンリ君に学内を案内することにする。鯉の泳ぐ池の前のベンチが昨日の雨で濡れていないか確認してから二人は腰を降ろす。たぬ吉はいない ・・・）

シンリ君　今日は晴れて良かったよ。昨日は土砂降りで今日もダメかと思ったよ。

アルトちゃん　うん。・・・ あれ、たぬ吉はここだと思ったんだけどな ・・・ あったかい日はよくここで昼寝してるんだ。例の心理学の本を読んだ後、ここでたぬ吉が昼寝しているのを眺めていたら、なんだか人間だけが世界から疎外されているような気がしたんだ。だってあいつは食べ物と昼寝できる暖かい場所があれば、それ以上求めない。自分が何者なのかだとか、相手に自分がどんなふうに見られているかとか、幸せとか不幸とか、そういうことに悩んだりしないし、とても自然に世界にまぎれている。どうして私たちはいちいち疑うことをしたり、衣食住が足りてても生きていくのに関係ないことに四苦八苦するんだろう。絵を描いたりするのだって、きっとただそれが楽しいからってだけじゃない。自分が、というか人間が、いつのまにか世界と別れちゃったから、またつながるためにやってるんだ。

シンリ君　人以外の動物は世界とすでにつながっているから、人みたいに絵を描いたりしなくていいってこと？ ・・・ 進化の歴史の中で、なぜ生きていくのに関係ないことをしたり絵を描いたりする動物がいるのか、そもそもそうした造形的な活動はヒトだけが行うのかを考えれば、絵を描くことの意味を考えられるかもしれないね。

ヒトは絵を描いたり彫刻を作ったりさまざまな造形活動を行うが、造形活動とは、生物の進化の歴史の中で、いったいいつから、どのようにしてして始まったのだろうか。ヒト以外の動物も造形活動を行うのだろうか。

（シンリ君、トツゼン説明モードに入る。）

1　類人猿も絵を描くか？

　ヒト以外も造形活動をするのだろうか？　難しい問題だけど、ヒトが造形活動をする、この当たり前のことを出発点にしてみる。そして進化の歴史の中で同じ祖先からヒトと枝分かれした類人猿が絵を描いたり彫刻を作ったりするかを調べることは、さまざまに種が分岐してきた生物の進化の歴史の中のどこで造形が始まったのか、という問いに答えるための第一歩につながる。ここではそう考えてみることにしよう。

　この観点から、類人猿についての研究を取り上げよう。でも、まずはヒトはどのように描くことを始めるのか、少し説明しておきたい。始まる時期は子どもによって違うけど、子どもはだいたい1歳半から、クレヨンなどの描画用具を持たせると紙の上で手を動かして「なぐり描き」を始める（東山ほか，1999；Kellogg, 1970；Luquet, 1935）。この「なぐり描き」の時期には子どもは、ヒトやネコなど、何かの対象を描こうとしているわけではなく、手を動かす感覚やこすりつける感覚を楽しんでいるのではないかと言われている。また、紙に痕跡が残ることを視覚的に確認しているという研究者もいる（Gibson et al., 1967）。一方、チンパンジーやゴリラといった類人猿も、やり方を見せたりすると「なぐり描き」をするようになることは昔から知られている[注1]。ヒトの子どもはこの「なぐり描き」に始まり、次第に何かの対象を描くことを始めて、人によっては美術の道に進むかもしれない。では、「なぐり描き」を行う類人猿も、それを繰り返したりするうちに何かの対象を描きはじめるのだろうか。

2 類人猿も道具を作る

このことについて、最近、齋藤らの興味深い研究が発表された。それは後で紹介することにして、ここではチンパンジーの粘土造形に関する研究を紹介しよう（中川, 2005）。類人猿の「なぐり書き」についてはいろいろ研究されてきたけれども、粘土という立体造形に関する研究は珍しく、また動物の造形活動について考えるヒントにもなると思う。

この研究は、次のように進められた。はじめに4頭のチンパンジーに粘土を与えて、触ったりするかどうかまずは自由に任せてみる（中川, 2005）。そしてしばらく様子を見て、触ったりしないときには粘土を割って見せたり、まるめたりくっつけたりして見せ、しばらくしたらまた4頭の自由に任せてみた。そうすると、彼らは粘土をちぎったり、ひねったり、指でついて穴をあけたり、いろいろ粘土を触って変形させるようになっていった。さらに、4頭の粘土の扱いには個性があって、自分の得意な粘土の扱いはどんどん繰り返して上達することもあったらしい。そうするうちに、粘土で紐や棒のような形を作ったり、ほぼ同じ大きさに粘土を分けてキレイに並べたりする者も出てきた。そして、これは1頭のチンパンジーだけに見られたことだが、粘土の塊にくぼみを作った後に外側を繰り返し撫でて滑らかにならしていた。それは器のようにも見えるものだった。その後、そのチンパンジーは床に散らばっていた粘土の小さい塊をそのくぼみに入れて、出すということを繰り返したという。ただ器のような形になったというだけでは、それを見た人が器だと解釈しているだけで、チンパンジーが器を作ったとは言えない、と反論する人もいるだろう。でもここ

図8-1　チンパンジーが作った器
チンパンジーは器のような形を作るだけでなく、その後粘土片を出し入れしていた。

では、何かを入れて好きなときに出せる、という器の機能に即した行為が行われていた。そのチンパンジーも、器だと認識していた、と言えるのではないだろうか（図8-1）。

　もちろん、これは1頭のチンパンジーのしたことだから、そこからチンパンジー、もしくは類人猿が器を作る、と一般化することはできないだろう。しかし、動物が行う造形活動について考えたとき、何かの用途や機能をもった器という「道具」を作った例として、非常に興味深い事例と言える。

　　アルトちゃん　じゃあ、ハチやアリが巣を作るのも、自分たちが棲んだり食べ物を貯めておくための道具を作っている、ということにならないのかな。
　　シンリ君　いい質問だ。たとえばシロアリはフェロモンを媒介にして互いに協力するような振る舞いを見せて、そこから複雑な形をした巣を作るってことも明らかになっている（Kugler et al., 1988）。フェロモンという個体間でのやりとりを媒介するシグナルのようなものを使って集団で巣を作るのだから、ヒトがコミュニケーションをしながら家を建てるように、すごく高度な振る舞いのように思える。ただ、シロアリの巣作りはあくまでフェロモンを媒介とした個体間のやりとりによって進行しているので、家の作り方を計画し、個々の作業に指示を与えるような設計図やリーダーのようなものは存在しないらしい。そこはヒトの家づくりとの大きな違いという見方もできるけど、このことは、後でまた話そう（コラム：自然の造形）。

3　ヒトだけが造形を行う？

　少し話が大きくなってしまったが、「道具」を作り使用する動物はヒト以外にもけっこういるのかもしれない。しかし、仮に、類人猿が粘土をこね、そこから「道具」を作るのだとしても、そうした行為とヒトの造形活動は同じとは見なせない、と考える人もいるだろう。もしヒトと類人猿の造形活動に超えられない大きな違いがあるのであれば、造形は進化の歴史の中でヒトだけが獲得した行為と言える。

　ここで、子どもが行う「なぐり描き」は何かを描こうとする目的をもったものではなく、描く際の手の感覚や、残った線を視覚的に確認するものであり、こうした行為はチンパンジーなどにも見られる、ということに戻ってみよ

う。ここで気をつけたいのは、同じ「なぐり描き」を行うとしても、ヒトの描く行為はその後の成長とともに変化していくということだ。そして、成長していくうちに現れる人の描画の特徴が、類人猿にはたとえ成長していっても現れないのであれば、そこが造形活動におけるヒトと類人猿の進化上の分岐点であり、その描画特徴がヒトの造形を特徴づけるもの、と言える。

　少し前に触れた齋藤らの研究グループは、生後11か月〜3歳2か月の30名以上の子どもたち、4頭の成人チンパンジー（21〜29歳）、2頭の子どものチンパンジー（5歳）を対象に、描画が成長とともにどのように変化し、また違いが生じるのか実験した（Saito et al., 2014）。子どもやチンパンジーに紙とマーカーを渡して、ドローイングをしてもらったが、このときちょっとした工夫をしている。渡した紙には、水平の線や垂直の線、円などの幾何学的な図形が予め描かれている「条件1」と、チンパンジーの顔が線で予め描かれている「条件2」があった。特に、「条件2」では、チンパンジーの顔が全部描かれているものや、左目などの顔のパーツが消されているもの、顔のすべてのパーツが消されて顔の輪郭だけ描かれているものも混ざっていた（図8-2）。こうした工夫により、興味深い結果が得られた。

　幾何学的図形が描かれていた「条件1」では、子どももチンパンジーもいろんなドローイングをしていた。図形とは無関係にランダムに線を描く「ランダムななぐり描き」、描かれていた図形の特定部分に集中的に線を描く「図形の

図8-2　齋藤たちの実験で使われた図形（Saito et al., 2014をもとに作成）
実際には幾何学図形は十字型や垂直線、顔は両目や顔のパーツがすべて消されたものなど、複数が使われている。

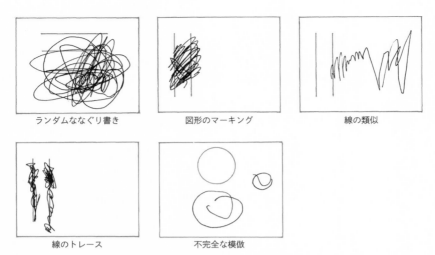

ランダムななぐり書き　　　　　　　図形のマーキング　　　　　　　　　線の類似

線のトレース　　　　　　　　　不完全な模倣

図8-3　条件1で描かれたドローイグ（Saito et al., 2014をもとに作成）

マーキング」、垂直線が提示されていれば垂直方向のストロークが増えるなど、なぐり描きのタッチが描かれた図形に似たものに変化する「線の類似」、図形の上からその図形に似た線を描く「線のトレース」、そして描かれた図形の隣に、多少形は歪んでいるが似たような図形を描く「不完全な模倣」（図8-3）が見られた。

　チンパンジーは子どもも大人も、「ランダムななぐり描き」や「図形のマーキング」を描くことはできたが、「類似線」と「線のトレース」は子どものチンパンジーは描くことができず、この二つは大人のチンパンジーに少し見られる程度だった。とはいえ、チンパンジーも成長にしたがってドローイングに変化が見られた、ということになる。一方、ヒトの子どもの場合、最初は「ランダムななぐり描き」や「図形のマーキング」しかできなかったが、成長していくにつれ、だんだん他のドローイングも見られるようになり、3歳以上の子どもは、成人のチンパンジーには見られなかった「不完全な模倣」を最も多く行うようになっていた。この結果から、チンパンジーもヒトの子どもも、紙に描かれた線をなぞったり、線を変化させたりするなど、線をコントロールする運動能力や、描かれている図形と描いている線を比較する認知的な能力を発達させていく、と言える。でも、描かれた図形の模倣をできるか否か、という点で、ヒトの子どもとチンパンジーのドローイングは大きな違いがあった、というこ

顔に印をつける

空白へのなぐり書き

提示された部分へのマーキング

輪郭線をなぞる

無い部分を補完する

図8-4　条件2で描かれたドローイング（Saito et al., 2014をもとに作成）

とも示された。もう少し言うと、ここにチンパンジーとヒトの進化上の分岐点があるのかもしれない。

　このことがもっと明確に現れたのが「条件2」の結果であった。ここでもいろいろなドローイングが見られた。チンパンジーの顔の全体にランダムな線を描く「顔に印をつける」、線が描かれていなかった余白の部分に線を描く「空白へのなぐり書き」、目など描かれた顔の部分に線が集中する「提示された部分へのマーキング」、チンパンジーの顔の「輪郭線をなぞる」、顔の目や口などの部分が消されていた場合にそこに線を描き足す「無い部分を補完する」（図8-4）。

　子どものチンパンジーは「顔に印をつける」を一番よく行っていたが、「空白へのなぐり書き」や「輪郭線をなぞる」はできなかった。逆に、大人のチンパンジーは「顔に印をつける」をあまり行わなくなり、「空白へのなぐり書き」「輪郭線をなぞる」を行うようになっていた。空間的認知の能力が発達して、空白の狭い部分や顔の輪郭といったより細かい部分に線を描くようになったのかもしれない。一方、「無い部分を補完する」は大人のチンパンジーも行っていなかった。逆に、ヒトの子どもの場合、最初は「顔に印をつける」をよく行っていたが、2歳6か月以降は、「無い部分を補完する」を最も頻繁に行うようになっていった。

条件1の「不完全な模倣」と条件2の「無い部分を補完する」というドローイングは、ヒトの子どもにしか見られなかった。条件は違うが、「不完全な模倣」と「無い部分を補完する」ドローイングには共通する何かがあるようにも思える。そして、それはヒトの子どもが成長していくうちに身につけることができても、チンパンジーが身につけることができなかった、ヒトとチンパンジーの進化的な分岐点を示している、と考えられる。

　この研究を行った齋藤は、ヒトとチンパンジーのドローイングを分けているのは、「見立ての想像力」、つまり、目の前のモノをそれとは別のモノに見立てる想像的な認知特性なのではないか、と考えた（齋藤，2018）。これは、チンパンジーの顔の目や口などの消されている部分に、目や口を描き足すということを考えるとわかりやすい。目の前には、紙に目が欠けているチンパンジーの顔のような図形が示されている。それに目を描き入れた子どもは「これは何かの顔なんだけど、目が描かれていないなあ」と思ったかもしれない。もっと言うなら、心のどこかに目などの欠けていない完全なチンパンジーの顔を思い浮かべ、それと目の前に提示されている絵を比べることができたのだろう。逆に、チンパンジーは目の前に提示された図形の上に線を描いたり、その横に似たような線を描いたりしたかもしれないが、頭に顔のイメージを思い浮かべてそれを目の前のものと見比べたりすることができないため、目の前の絵の消された部分を補って描くということができないのかもしれない。

　そうだとすると、描かれた図形の横にそれと似た図形を描く「不完全な模倣」が、ヒトの子どもにしか見られなかったということも説明がつく。子どもは目の前に描かれていた図形を見て「まんまるだ」、と円を心の中に思い浮かべたのかもしれない。だからこそ、目の前の円をなぞるのではなく、その横に心の中に浮かんだ円を描くことができたのだろう。一方、チンパンジーは目の前の描かれた図形と自分が描いた線を見比べて自分の線をコントロールできても、心の中に思い浮かんだ円を描いたり、それと目の前のものを比べたりすることはできない。中川（2005）の研究を紹介したとき、チンパンジーが器という道具を作ったこと、そこから動物も道具を作るのかもしれないと言ったが、その道具は目の前にあるものを変形・加工することで作り出され、実際に手元にあるものだった。チンパンジーやその他の動物とヒトの道具の作成に違いがあるとすれば、ヒトは目の前にない道具を想像し、それを指針にしながら道具を作り出せることにあるのかもしれない。

こうした心の中に思い浮かべられるものを、心理学では「表象」と呼ぶ。目の前にある図形を別のモノに見立てることができるのも、こうした「表象」が思い浮かんでいるからだと言える。難しい言葉であるが、絵画などを見るときに私たちが普段から行っているごく普通の認知能力でもある。たとえば、絵画に描かれたリンゴは、物理的にはいくつかの絵具の集まりでしかないが、私たちはそれを見て心の中にリンゴを思い浮かべ、その絵具の集まりをリンゴと「見立て」ている、とも言える。ここで重要なのは、目の前のものと、心に思い浮かべられる表象は、同じものとして関連づけられている一方で、違うものだということもまた、私たちは知っているということだ。私たちは絵画に描かれたリンゴをリンゴだと見なしながら、同時にそれが実物ではない、描かれたものであるとも見なしている。

　少し話は脱線するが、私たちは物理的にある世界、網膜に物理的に映し出される像をそのまま見ているのではなく、脳で情報処理がなされた結果、「リンゴ」や「ヒト」だと知覚しているのだから、私たちが物理的世界を知覚する際には、多少なりとも見立てのような働きが生じているとも言える。もちろん、こうした知覚の働きはヒトだけのものでなく、それぞれの生物が進化の過程で独自の知覚の仕方を身につけている[注2]。ただ、ヒトの場合は、この見立ての能力をどんどん発達させ、「表象」を思い浮かべるようになり、先ほど見てきたように、欠けた部分を補完するなどしながら絵を描くようになったのだろう。さらには、世界のさまざまな事柄を音声や文字で示す「言語」などのシンボルを用い、コミュニケーションや思考を行うヒト独自の能力を獲得するところまで、この認知的な能力を発達させてきたのかもしれない。と言うのも、紙の上に印刷されたインクのシミでしかない文字を読んで「リンゴ」を思い浮かべることができるのだから。

　進化の過程でヒトだけが造形を始めたのだとすれば、それは「表象」を心の中に作り出す想像力によるものなのかもしれない。そうした想像力を獲得した子どもは、さらになる成長の過程を経て、私たちが普段よく目にするような絵を描くようになるのだろう。

　シンリ君　人が絵を描いたり、物語を作ったりするのは、さっきのシミュレーション説に関係するかもね。つまり、狩りに行く場面を絵に描く能力、つまり今ここにないモノを頭の中でシミュレーションする能力があっ

た人の祖先は、実際に狩りの場面でもより適切に動けたので、生き残ったのかもね。でも、だからこそ、世界からは切り離されてしまったのかも。

　　　　アルトちゃん　おもしろい。シミュレーションって今ここ以外の時間を生きることだもんな。未来のことを思いやる、想像することができるけど、そのせいで期待したり、言いようのない不安を感じたりする ・・・ これって、見立てとか表象の能力の副産物なのかもしれないよね。

　シンリ君　自分や自分がやっていることを意識している「自意識」っていうのも関連しているかもね。心理学では認知に関する認知だから「メタ認知」って言うこともあるけどさ。「見立て」もそうでしょ、自分がリンゴじゃないものをリンゴとして見ているってことを自分で理解してないと「見立て」るってことは成立しないんだからさ。そうじゃないと、本物のリンゴだと思って絵画のリンゴを食べようとするだろうね。人間であるアルトちゃんはたぬ吉を見ているようでその実、人間について考え、知ろうとしている。その意味では、今日のアルトちゃんは「自意識」的、とっても人間的と言えるかもね。

コラム　自然の造形

　シロアリの巣作りは、フェロモンを媒介にしてシロアリ同士が協働し、進んでいく。もう少し詳しく述べると、シロアリの排泄物に含まれるフェロモンが他のシロアリを引き寄せるため、排泄物があるところに他のシロアリが留まり排泄物をする、そうするとフェロモンが強くなってシロアリがより引き寄せられ、排泄物がさらに溜まるようになる ・・・ というサイクルになっている（実際にはもう少し複雑だが、ここでは単純化している）。これは、フェロモンを介して排泄物の集積がより排泄物の集積のプロセスを加速させるような仕組みになっていると言える。

　これと似たようなことは化学反応にも見られる。ある化学反応によって生み出された化学物質が、別の化学反応を早めたり、遅くしたりすることがある（以下、このコラムは Ball, 2009 を参考に述べていく）。この化学物質は触媒と言われるが、化学反応で生み出された化学物質の触媒作用によって、個々の化学反応が相互に影響しあい、全体として見事な模様などを作り出すことがある。ベロウソフ＝ジャボチンスキー反応（BZ反応）は、マロン酸などの物質をビーカーに入れて混ぜると赤から青、黒と色が周期的に変わってい

く現象である。この化学反応をペトリ皿の上で起こすと、螺旋模様が次々と広がっていく不思議な様子が観察される（この反応名で検索するといくつも動画が出てくるので、見てほしい）。

　シロアリの巣作りと同じように、ここでも現れる模様はプログラムなどされていない。にもかかわらず、見事な形が立ち現れてくる。夭折した天才、アラン・チューリングは、こうしたBZ反応に見られるような触媒作用による周期的反応に、化学物質の拡散スピードの違いなどを組み込んだ反応＝拡散モデルを提唱している。このモデルから生じるパターンはチューリングパターンと呼ばれる。パラメータを変えながらこのモデルをプログラムで走らせると、シマウマのような縞模様や豹のようなぶち模様、キリンのようなタイル模様など、さまざまな模様が生まれることが知られている。

　このような複雑な化学反応以外にも、力学的な相互作用によって自然のいたるところで特定のパターンや形が、自ずと現れてくる。たとえば同じ大きさの泡や弾力のある球体が平面上で密集すると、六角形が現れる。それが最も効率的で力学的に安定しているからだ。こうした六角形が敷き詰められた形としては、ハチの巣などが思い浮かべられる。しかし、こうしてできる六角形は、どんなに敷き詰めても平面になるだけである。立体的な形となるためには、六角形の間に五角形がいくつか入り込む必要がある。こうした組み合わせや五角形の入り込んだ構造は、放散虫などのさまざまな生物にも見られる。こうした構造をヒントにバックミンスター・フラーはジオデシック・ドームを作っており、同じ原理はサッカーボールや籠編みなどにも見られる。

　ここではごく一部しか取り上げていないが、最近の科学では自然に見られるさまざまなパターンや、一見すると複雑に見える現象の背後にある法則やメカニズムが、明らかになってきている。私たちは自然の中に現れるさまざまな形に美しさを感じるが、直感的にその背後にある法則を見てとっているのかもしれない。自然の造形は、誰かの指図がなくとも自ずと出来上がってくるという点で人の行う造形活動とは大きく異なるが、多くのヒントを与えてくれるだろう。

【注】

[1] 20世紀前半から中頃までに類人猿を対象に行われたさまざまな描画研究には、デズモンド・モリス『美術の生物学』にまとめられている（Moris, 1962）。

[2]「知覚」については、本書2章、3章を参照。

【引用文献】

東山明・東山直美 (1999)『子どもの絵は何を語るか：発達科学の視点から』日本放送出版協会.

Ball, P. (2009) *Shapes: Nature's patterns: A tapestry in tree parts.* Oxford: Oxford university press.〔ボール, P. ／林大（訳）(2011)『かたち：自然が創り出す美しいパターン1』早川書房.〕

Gibson, J. J., & Yonas, M. P. (1967) A new theory of scribbling and drawing in children. In H. Levin, E. J. Gibson, & J. J. Gibson (Ed.), *The analysis of reading skill*, Washington, D.C.: U.S. Department of Health, Education, and a Welfare, Office of Education. (Final report)

Moris, D. (1962) *The biology of art.* North Yorkshire: Methuen & Co. Ltd.〔モリス, D. ／小野嘉明（訳）(1975)『美術の生物学：類人猿の画かき行動』法政大学出版局.〕

中川織江 (2005)『粘土遊びの心理学：ヒトがつくる、チンパンジーがこねる』風間書房.

Kellogg, R. (1970) *Analyzing children's art.* California: National Press Books.〔ケロッグ, R. ／深田尚彦（訳）(1998)『児童画の発達過程：なぐり描きからピクチュアへ』黎明書房.〕

Kugler, N. P., & Turvey, M. M. (1988) Self-organization, flow fields, and information. *Human Movement Science, 7*, 97-129.

Luquet, G. H. (1935) *Le dessin enfantin.* Paris: F. Alcan.〔リュケ, G. H. ／須賀哲夫（監訳）(1979)『子どもの絵』金子書房.〕

齋藤亜矢 (2018)「芸術の進化的起源」『人工知能』*33*, 754-761.

Saito, A., Hayashi, M., Takeshita, H., & Matsuzawa, T. (2014) The Origin of Representational Drawing: A Comparison of Human Children and Chimpanzees. *Child development, 85*(6), 2232-2246.

9章　ヒトが描く絵はどのように変化していくのか
——痕跡は語る、さまざまな価値の時代を

（少し日が傾いてくる。二人は、たぬ吉がときどきいる図書館の裏にやってくる。）

　シンリ君　立派な図書館だねぇ。

　アルトちゃん　文庫本はないけど、画集ならすごいのがあるよ。

（たぬ吉は ・・・ いない。二人の横を大学生に連れられて、小学生の集団が歩いてくる。シンリ君が驚いている。）

　アルトちゃん　あ、そうか今日は土曜日か ・・・ 。たぶん学内の子どもと絵を描くサークルか、どこかの学科の授業があるんじゃないかな。

　シンリ君　へえ。小学生のうちから美大で絵を描くなんて幸せだね。

　アルトちゃん　子どもの絵を見ると、どきっとしたり、ハッとされられることってない？　そんで、いいなあ、って、羨ましくなるの。あんなふうに描けたらなって。

　シンリ君　子どもの絵っていうのも乱暴な括りだと思うけど ・・・ 。うーん。

　アルトちゃん　乱暴な括りってどういうこと？

　シンリ君　子どもって成長とともにいろんなことができるようになるけど、子どもの絵もどんどん変化していくよね。アルトちゃんが子どもの絵を見て、どきっとしたり、ハッとさせられたのはどんな絵？　それを描いていた子どもはいくつぐらい？　何が描かれてたのかな？　そういうのを抜きにして子どもの絵って言うのは違う気がするなあ。

> **天の声**
>
> 　ヒトも他の生物と同様、生命を宿したときから死ぬまで絶えず変化していく。その変化はただ体が大きくなるといった身体的なものだけではなく、運動能力や知覚、思考能力などさまざまな側面に及ぶ。そして、赤ちゃんが歩き出す、言葉を喋り出すといったような、それによってそのヒトの世界が大

きく変わるような劇的な変化がしばしば起こることもある。こうした生涯にわたる変化を「発達」と言う。では、ヒトの行う造形活動はどのように「発達」していくのだろうか。

（シンリ君、トツゼン説明モードに入る。）

　さっき（8章）ヒトの子どもも類人猿も「なぐり描き」をするけれど、ヒトの子どもはそのうち「表象」を作り出す見立てという想像力によって絵を描くようになる、それが類人猿をはじめとする他の生物の造形活動とヒトの造形活動の分岐点なのではないか、ということを話した。でも、私たちはヒトが「見立て」ということからさらに進み、細かく描き込まれ、そこに手を伸ばして触れることができるようなリアルな絵画や、正確に筋肉や骨格を把握しながらも躍動感や生命感にあふれた彫刻を作り出してきたことを知っている。そうした絵や彫刻は、単なる見立てという言葉では言い尽くしえないようなリアリティをもって私たちに迫ってくる。その一方で、非常にプリミティブな線や色の配置、形だけど、モノや世界の本質をえぐり、私たちに提示するような絵や彫刻もヒトは作り出してきた。また、何かを表すというよりも、色や線、絵具やマテリアル自体がもつ美しさや面白さを見せてくれる作品もある。

　ヒトは、歴史の中でさまざまな造形を行ってきた。ヒトの造形活動がどのようにしてここまでの多様性をもつようになったのか、そのすべてを語るのはおそらく生物の進化を語るのと同じくらい難しい。まず、見立ての想像力の先に、子どもの描く絵が成長とともにどのように変化していくのか、ということを見ていこうと思う。

1　なぐり描きを始める前

　絵を描くということに限らず、赤ちゃんは生まれてからいろんなことを学んでいく。体の動かし方だけをとっても、ヒトの赤ちゃんはまず首が据わるようになり、寝返り、ハイハイやお座りをするようになって、ソファーや棚の出っ張りなど、床から少し高いところを掴んで立ったり、伝い歩きをしたりをするようになる。このように、赤ちゃんはいろいろな体の動かし方を身につけるが、

時期が来たらそれらの動きを急にできるようになるわけではない。赤ちゃんはいろいろな手足の動かし方や体のバランスのとり方を探りながら新しい体の動かし方を次々に身につけていき、ヒトの特徴の一つとされる「歩行」を始める。

　また、赤ちゃんは体の動かし方を学びながら、ヒトやたくさんのモノで満ちている周りの世界を探っていくようになる。寝返りを始めれば周りを見回しておもちゃのある方を見ることができるし、ハイハイが始まれば遠くにあるおもちゃやヒトに向かっていくようになる。お座りができれば、絵本やおもちゃを両手で扱えるようになる。そして、もう少し上の方に続いていく向こう側を見てみたいと思い、ソファーに頑張って手を伸ばしてつかまり立ちを始めるのかもしれない。周りのことをいろいろ探索しようとして、赤ちゃんは体をいろいろ動かしてみようとする。この様子は、さまざまに姿形を変えながら新たな行動様式を獲得していくことで新たな環境を探索し適応してきた、生物進化の歴史と似ているところがある。

　赤ちゃんがいろいろ体を動かして周りを探索し、そして歩きはじめるように、「なぐり描き」が始まる前にも赤ちゃんは「なぐり描き」に近い行動をいろいろ探索しているのではないだろうか。赤ちゃんがどのような発達を経て「なぐり描き」を始めるのか、これについてはどうやらあまり研究されてないようであるが、西崎が興味深い研究を発表している（西崎, 2007）。

　この研究について話す前に、「なぐり描き」についてもう少し考えてみよう。「なぐり描き」は、身の回りにあるマーカーなどの筆記具となるものを手で握って、紙などに押し当てて線を残す行為のことを指す。これについて、ギブソンたちは実験を行い、子どもは鉛筆に似ているけど線を描くことができない鉛筆もどきを渡すと、絵を描くことをやめてしまうということを確認している（Gibson et al., 1967）。子どもは自分が描いた線がそこに残ることを見ているからこそ、どんどん「なぐり描き」をする。このことを少し難しく言うと、身の回りにあるものを動かしたり操作したりして自分の体の動きの「痕跡」を周りに残して、その痕跡を知覚する一連の行為、と言える。西崎が注目したのは、この点だ。マーカーやクレヨンなどの描画のための道具を使って「なぐり描き」を始める前にも、子どもは身の回りに「痕跡」を残し、楽しんだりしているのではないか？　赤ちゃんがいろいろ体を動かして歩きはじめるように、子どもはいろいろな痕跡を残す行為をやってみた後に、なぐり描きを始めるのではないか？

西崎は「なぐり描き」が始まる前、生後2か月から1歳半まで二人の子ども
が成長していく過程を収めた映像を使って、普段子どもがいる家の中でどのよう
に「痕跡」を残しているのか、またその痕跡がどのような種類に分けられ、
変化していったのか観察した（西崎, 2007）。もちろん、子どもが動くとベッ
ドのシーツにしわが入ったり、おもちゃが転げ落ちたり、いろんな痕跡が残る。
この研究では、そうした偶発的なものと区別するために、子どもが自分のやっ
たことで身の回りのモノに変化が生じて、それを見たりして確認して繰り返し
ているものを「痕跡」を残す行為とした。

　二人の子どもはいろんな痕跡を残していた。手近にあった布を「引っ張る」、
体などに「かぶせる」、目の前のものを「叩く」「つぶす」「つつく」「ちぎる」、
手に持っているブロックなどを「転がす・散らす」「並べる」「運ぶ・置く・乗
せる」・・・など、成長のなかで赤ちゃんは27種類ものさまざまな「痕跡」を
残していた。しかし、こうした「痕跡」が「なぐり描き」につながるのか、疑
問に思う人もいるだろう。そこで、西崎はこうしたさまざまな「痕跡」を残
す行為を、「表面のテクスチャーの変更」「対象物の配置の変更」「物体の状態の
変更」に分類し、それらが成長とともにどのように変化していくのかを追って
いった。

　「表面のテクスチャーの変更」では、二人の赤ちゃんは2か月ごろから、よ
だれかけなど、身近にある布製のものを引っ張ったり、口に押し当てたりして、
布を変形させて「痕跡」を残していた。まだ寝返りができない赤ちゃんはすぐ
そばにあるものに「痕跡」を残し、それを見て楽しんでいたのかもしれない。
そしてだんだん寝返りを始めたり、いろいろ動けるようになると、布をかぶせ
たり、めくったり、あるいは布にくるまったりするようになっていった。さら
に、ハイハイやつかまり立ち、歩くことなどができるようになると、移動した
先でいろいろな布製のものを発見して、探索しながら痕跡を残すようになって
いった（図9-1）。

　「対象物の配置の変更」は、寝返りやハイハイやお座りなど、ある程度動き
回れるようになってから見られるようになった。ボールやリモコン、マグネッ
ト、ぬいぐるみなど大小さまざまではあるが手に持って運んだり動かしたりで
きるものを手に取って、最初は転がしたり落としたり、さらにはどこかに置い
たり集めたりしていた。その後、たとえば目の前にあるラインに合わせて小さ
なものを置いたり、バケツなどの入れ物にブロックを入れたりするなど、だん

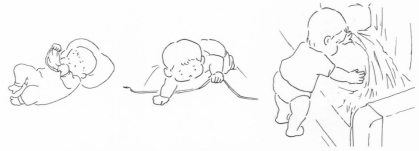

図9-1　赤ちゃんのさまざまな「表面のテクスチャーの変更」
（佐々木，2008の付属DVD-Rに収録された動画を参考に作成）

だん物の形状や利用目的に応じて配置換えを行うようになった（図9-2）。

「物体の状態の変更」は、お座りをしているときなど、姿勢が安定しており、目の前に加工を加えやすい対象があるときに観察された。たとえば、お座りの姿勢のときに目の前に雑誌や新聞紙があるとそれを叩くなどして「痕跡」を残していた。そのうち、ひねったり、混ぜたりといった複雑な操作を行うようになり、たとえばこぼれたヨーグルトを服に塗りつけたり、ジュースをテーブルに伸ばすといったこともするようになった（図9-3）。

この研究で赤ちゃんに観察された、ソファーのシーツを平らに伸ばしたり、物差しをレールか何かに見立ててものを並べたり、ヨーグルトを服に塗りつける行為は、どこか「なぐり描き」や、何か粘土をこねたりモノを配置して立体物を作り出す行為を思わせる。そして、赤ちゃんはそうした痕跡を残す行為を急にやりはじめたのではなく、まだ小さいころから身の回りのものをいろいろ触り、探索していくなかで身につけていくということがわかるだろう。

作家が絵や彫刻など造形作品を創るとき、作品のコンセプトや表したいイメージ、感情、周りにどう評価されるか、いろいろなことを考える。その一方で、絵具をその粘り気などの性質や筆跡を探りながらキャンバスに塗る、素材の性質を生かして変形させて配置する、絵や彫刻を作りやすいようにキャンバスや道具を配置し直すなど、いろいろ周りのモノを探索しては働きかけるということもしている。そうするうちに、絵具や素材の新しい性質や形、表情を発見し、新しい作品作りにつなげていくかもしれない。こうした周りのモノを探索して働きかけ「痕跡」を残すという造形とも通じる行為を、ヒトは赤ちゃんのころから行っていたというのは興味深い。

図9-2　赤ちゃんのさまざまな「対象物の配置の変更」
（佐々木，2008の付属DVD-Rに収録された動画を参考に作成）

図9-3　赤ちゃんのさまざまな「物体の状態の変更」
（佐々木，2008の付属DVD-Rに収録された動画を参考に作成）

（アルトちゃん　赤ちゃんになったつもりになると…、すっごく面白そう。）

2　なぐり描き以後、子どもはどのように絵の発達をするのか？

　ここまで、赤ちゃんが周りをいろいろ探索しながら、痕跡を残す行為を発達させてきたことを見てきた。ここからは、「なぐり描き」を始めた赤ちゃんがどのように見立ての想像力をはたらかせながら何かを表す「表象」としての絵を描きはじめるのか、そしてその後どのような絵を描いていくのか、見ていこう。

　「なぐり描き」以後の子どもの絵については、これまでにいろいろな研究者が膨大な量を収集し、どのような発達の段階（コラム：赤ちゃんの発達と発達段階）を経ていくのか研究してきた（東山ほか，1999；Kellogg, 1970；Lowenfeld,

1957；Luquet, 1935)。

　子どもの絵の発達段階をどのように区分し、また各段階を特徴づけるのかは研究者によって違うが、おおむね共通していると思われる部分もある。それらの研究をまとめた東山ら（1999）、山田（2014）に沿って大まかな発達段階を示していき、それを補足するように個々の研究者の知見を紹介していく。

2-1　なぐり描きの時期：1歳半から2歳半ごろ

　だいたい1歳半から2歳半ごろまでが、このなぐり描きの時期とされている。ケロッグ（Kellogg, 1970）は、子どもの「なぐり描き」をいろいろ収集して、どのような形を子どもが描くのか、分類、整理している（図9-4）。子どもはいろんな線や形を描きながら、腕や手の動きのコントロールの仕方を学んでいき、さまざまな線や形を組み合わせていろいろな絵を描いていけるように着々と準備を進めているようでもある。リュケは、そうしてなぐり描きをするうちに、自分が描いた線と現実にあるものになにがしか似たところがあることに気づくようになると指摘している（Luquet, 1935）。また、2歳前後になると、「ウーン、ブーン」と擬音語を発したり、「自動車ブッブー、信号、赤」と独り言を言ったりしながら、さまざまな線を組み合わせてなぐり描きをするようになると東

図9-4　ケロッグによる子どもが描く線の分類（Kellogg, 1970をもとに作成）

山らは指摘している（東山ら，1999）。これは、今まで感覚的に描いていた線を、頭の中で描いた車などのイメージと結びつけ意味をもたせはじめている、もっと言えば、後に獲得する「見立ての想像力」が芽生えつつあると考えられる。

2-2　象徴期：2歳半から5歳ごろ

なぐり描きの時期に子どもは徐々に線を組み合わせて描くようになるが、それらは大人の目には乱雑に重なっているように見える。そのうち、子どもの描く線は、乱雑に重ねられたものから、渦や丸などの他と区別されるような独立した形にまとまっていくようになる（東山ら，1999）。これは、子どもの腕や手の動きがよりコントロールされるようになってきた、ということだけを意味しているのではないようだ。子どもはそうして描かれた形を指さして大人が「これなあに？」と聞くと、「これママ」「これ車」と答えたりする。また、今度は自分から指さして「これママかいたの」と言ったり、自分から「車をかくよ」と言ってから、丸や渦、直線などを組み合わせながら線を描くようになっていく（東山ら，1999）。ここでは子どもが自分が描いた線を車などに「見立て」ているとも言えるだろう。このように描いた線で自分のイメージしたことを象徴させることから、この時期は「象徴期」と呼ばれる。また、自分が描いた線を名前で呼ぶことから、「命名期」と呼ぶこともある。

ローウェンフェルドは、こうした子どもの変化を、描く行為を介した「想像的思考」への移行だと述べている（Lowenfeld, 1957）。前に、斎藤らのチンパンジーのなぐり描きの研究を紹介したときに、チンパンジーとヒトの造形活動の違いは、目の前にあるモノを、頭の中に作り出した「表象」と同じものと見なす「見立ての想像力」にあるのではないかと述べた（8章参照）。そうした想像力をこの時期の子どもが絵を描く様子に見てとることができるだろう。

ただ、この時期の子どもはイメージしたこと、思いついたことを羅列的、断片的に画面に描いていくとも言われている（東山ら，1999）。絵の約束事などにとらわれず、子どもは自由な発想に任せて描いているようにも見える一方で、まだ自分が思い描いたことを象徴的に描くことに夢中で、描いたものの部分同士の空間的な関係性や、位置関係を捉え、それを表すという意識は薄いようだ。とはいえ、子どもは徐々に描いているモノの空間的な関係性や位置関係を表すことができるようようになっていく。

このことは、ヒトの描き方の変化にも表れる。最初は、丸などの図形でヒト

を表していたのが、丸の中に目や口が描かれ始め顔のような形になっていき、次第に、その顔に手や足を付け加え人を表すようになっていく。この特徴的な人の表し方は「頭足人」と呼ばれる（東山ら，1999；図9-5）。これは、子どもにとって最も関心のある顔でヒトを表そうとする、象徴的な思考を強く示すものと考えられる。その後、胴体を描くようになり、胴から手足が伸びたヒトの形を描くようになっていく。ケロッグの収集した絵を見ると、そこに至るまでの過程では子どもたちが描くヒトの絵にはさまざまな体の部位の配置が見られ、胴を描いているにもかかわらず頭から手が出ているような絵を描くこともある（Kellogg, 1970, 図9-6）。さまざまな線の配置を探り、ヒトの体の構造に即した絵を描くようになっていく過程は、後の空間的な関係性や位置関係を捉え絵を描いていく準備だと考えることができる。

図9-5　頭足人（東山ほか，1999をもとに作成）

図9-6　ケロッグの示すヒトの形を描くまでドローイングの変遷（Kellogg, 1970をもとに作成）
番号は下るほど発達が進んでいくことを示す。

2-3　図式期：5歳から8歳ごろ

　象徴期の子どもの絵は、思いつくままに想像したものを描いているようで、大人の目から見ると計画的に対象が配置されているようには見えない。しかし、5歳前後になると画用紙の上を空の方、下を地面の方と見なし、その間の下の方に地面を表す「基底線」を引き、その上に家や木や花、ヒトを並べていくような絵を描くようになる（東山ら，1999）。絵の中に上と下という方向性が現れ、空間的な秩序性が子どもの絵に芽生えたとも言えるだろう。

　その一方で、そこで描かれている対象は並列的に並べられており、対象を重ねて描くことはないようだ。言葉を変えると、対象を部分的に重ねて描くことで示される空間的な前後関係は描かれていないとも言える。また、描かれるものの大きさはその子どもの興味や関心に応じて強調され、実際の対象同士の大きさの関係とは異なることもある（東山ら，1999）。この時期の子どもの絵には、上下を基準とし横に配列するような、二次元的な位置関係を見てとることができるが、奥行きという位置関係は描かれていないと言えるだろう（ただ、そもそも絵は平面なのだから、その中に奥行きを描くというのはある意味ではヘンテコな発想で、とても難しいことのようにも思える）。

　基底線の描かれた子どもの絵は、遠近法的な見方をすれば、真横から見た視点になるわけだが、まだまだそういった捉え方は難しいようである。大人の視点から見れば、対象を重ねたり大きさを変えたりすれば、無理なく見たままの光景を描けると考えるだろう。しかし、おそらくそうした考え方を知らない子どもは、今自分ができる描き方や自分なりの捉え方でいろいろ工夫しながら絵を描いていく。たとえば、一枚の絵の中に複数の基底線が描かれ、そこにさまざまなものが配置されることがある。そうした絵は大人の視点から見ると、異なる視点が混在している「多視点的」な絵に見えることもある（図9-7）。また、基底線が描かれていない、どちらかというと俯瞰的に描いたように見える絵を描くこともあるが、それらの絵はまるで展開図のように描かれていることもある（図9-8）。または、たとえば家を透けさせて、その中にいる人を描くこともある。これはレントゲン的な表現とも言える（図9-9）。

　この時期の子どもの絵の特徴を、リュケは後に見られるようになる「視覚的写実性」と対比させて、「知的写実性」と呼び、「表現する事物の本質的な要素をできるだけ多く、可能な限り細大もらさず、おのおのの特徴的な形、いわば『その物自体』を保存しながら、描く」（Luquet, 1935, 須賀監訳, 1979, p.184 より

図9-7　基底線が描かれた子どもの絵（Lowenfeld, 1957をもとに作成）

図9-8　展開図的描法による子どもの絵（東山ほか, 1999の記述を参考に作成）

引用）と特徴づけた。遠近法的な描き方を知っている大人の視点では、この時期の絵の表現はまだまだ拙く、空間的な捉え方がちぐはぐなものに見える。しかし、家はその見た目だけでなく、その中にヒトがいるからこそ家であり、一つの視点から見たときには隠れて見えないもの、遠くにあり小さく見えるものも、変わらずたしかにそこにある、とも言える[注1]。子どもは自分が捉えたことの本質を、工夫をしながら描こうとしているのではないか。その意味で、リュケが言うように、とても知的な絵であると言える。

図9-9　レントゲン描法による子ども絵（Lowenfeld, 1957をもとに作成）

2-4　写実の黎明期：8歳から11歳ごろ、写実期：11歳から14歳ごろ

　いろいろ工夫しながら見たことや考えたことを絵の中に描いてきた子どもは、さらに試行錯誤をしながら写実的に絵を描いていくようになる。また、それまでの8歳ごろまでの子どもは全体像や印象を優先して描いていく傾向があるのに対して、この時期には部分を詳しく表現する観察力を身につけていき、逆に全体のバランスを欠いた絵になるとも言われている（東山ほか, 1999）。赤ちゃんは相反する両端を行ったり来たりしながら、次第にその二つのバランスのとれたより高度な運動能力を身につけていくが（Gesell et al., 1940）、それと同じように、子どもの絵も一直線に大人のものに近づいていくというよりも、行ったり来たりしながら変化していくのかもしれない。

　8歳から11歳ごろには、自分の興味のあるものを誇張して描くなどの図式期の傾向がまだ見られるが、対象をただ並列して描くのではなく、対象を重ねて描く、対象を立体的に描くなど、奥行きの感じられる表現をするようになる（東山ほか, 1999）。この時期の絵を見ると、部分部分には立体的、奥行きがあるが、全体を見るとまだちぐはぐしたところや、空間的に矛盾しているようなところがある。このことは、たとえばコップの描き方などを見てもわかる。このころの子どもがコップなどを描くとき、コップの口は楕円型で描かれており、それまでのものと比べると立体的に描いているものの、底の方は水平線で描かれており、それまでのなごりを見せている（東山ら, 1999, 図9-10）。遠近法的な見方をすれば、コップの口の部分は斜め上から見下ろしているのに対して、底の部分は真横から見ているということになる。こうしたことからも、空間的

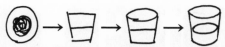

図9-10　子どものコップの描き方の変遷（東山ほか，1999をもとに作成）
　一番左から順に、閉じられた円で表す「象徴期」、横から見た側面のみを表す「図式期」、横から見た側面と斜めから見た楕円が混在する「写実の黎明期」、縁と底が同一の斜めからの視点で描かれる「写実期」にあたる。

に描く意識が芽生え、なんとか工夫しながら描こうとするが、視点を一つに定めて全体を整合的に描くことはできないように見える。

　11歳ごろから14歳ごろになると、たとえば図9-10にあるように、コップの口を楕円に描いたときには底の部分も曲線で描くなど、視点が一つに定まった絵を描くようになる。東山ら（1999）は、それまでは集中力に欠き、じっと座って絵を描くことができなかった――つまり視点が定まらない――のに対して、この時期の子どもは椅子にきちんと座って、モチーフが動くと元に戻したりする、と指摘している。集中を持続させ、落ち着いて対象を観察することが絵にも反映されるのだろう、子どもはモチーフの立体感や、陰影、空間など、見えていることをそのまま描こうとするようになる。自分が捉えたことを自分なりに工夫しながら描く「知的写実性」に対して、このように客観的、視覚的に捉えて描く傾向を、リュケは「視覚的写実性」と呼んでいる（Luquet, 1935）。

　　アルトちゃん　小学1年生のときにさ、お母さんが座って赤ちゃんだった弟を抱いてるところを絵に描こうとしたんだけどね、お母さんの顔は正面を向いていたから、顔の輪郭はこう、目はこう、鼻はこう、みたいに、パーツごとに頭の中にある形を描いてたの。でも弟を描こうとしたらさ、困ったことに、その顔面は天井の方を向いてたもんだから、そうすると頭全部、おでこから鼻であろう大きい山、それに連なる盛り上がりのてっぺんに、次の形がかぶさって、大きな波谷、と思えばまた緩やかな丘、そんなふうに凸凹が複雑につながってるわけ。難しいというレベルじゃなく、それは知ってるはずの人の顔じゃなかったし、それまでのやり方じゃ描けないんだけど、でもその困難をひどく写したくなってね。それでそのときはじめて、何かをものすごく見て、それを紙に写すってことをしたんだ。何かを見て真似して描くには、視点を定めて、見比べながら描かないといけなかった。これが写実期への第一歩だったのか。

シンリ君　きっとそのときアルトちゃんは、絵を描くことを通して気づいたんだよ。お母さんと弟の顔や、顔の中の目や鼻などの部分を記号的に並べて描く象徴的な見方と、ある視点を定めてそこから見たままの二人の顔を捉えて描く写実的な見方の違いに。

3　遠近法的な描き方の習得

　絵の形態、空間的な側面に関して言えば、子どもはさまざまなモノの見方や描き方を工夫していきながら、次第に遠近法的な見方、描き方を身に付けていくと言えそうだ。こうした遠近法的な見方に至るまでの子どもの絵の発達過程は、実験的な手法を使った研究でも確かめられている（Willats, 1977）。実験では、ラジオ、箱、片手鍋が置かれたテーブルとモチーフが決まっており、その置き方も揃えられていた。さらにこの研究が徹底しているのは、実験に参加した子どもがどのアングルで、どの程度の距離で見るかも揃えた点だ。もちろん、紙や画材も、A4用紙、ボールペンに揃えられている。このように子どもが絵を描く環境を揃えてしまうのはいかにも窮屈ではあるが、モチーフや見る視点を揃えることで、子どもの視点からはこう見えているはずだ、という基準となる絵（図9-11）を作成し、それと子どもが描いた絵を線の角度なども見ながら比較できるという利点がある。

　この実験には5〜17歳の子どもが100人以上参加し、多くの絵が描かれたが、テーブルを描く線の角度なども考慮したところ、子どもたちが描いた絵は次のように分類することができた（Willats, 1977, 図9-12）。

　一つ目は、一切遠近法的に描かれておらず、テーブルに置かれているモチーフがバラバラに並列された描かれているものである（図9-12-a）。この実験では平均して7歳ごろの子どもがこうした絵を描いていた。東山ら（1999）の指摘とは年齢的には異なるが、閉じた図形でモチーフを表す、空間的な関係性は考慮せず羅列して描くという「象徴期」の絵の特徴がそのまま当てはまる。

　二つ目は、この研究では正投影図法的な絵と呼ばれたもので、テーブルやそこに置かれたモチーフが正面から描かれている（図9-12-b）。よく見ると、実際には重なって見えるはずのモチーフは重ねられずに描かれているのがわかるだろう。基底線を基準にモチーフを空間的に配置するが、モチーフを重ねて描くなどの奥行き的表現が見られないという「図式期」の特徴が当てはまる。こ

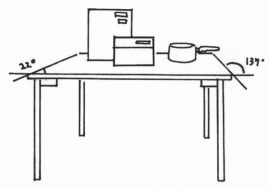

図9-11　実験結果の分析の基準となった絵（Willats, 1977をもとに作成）

の実験では、平均して9歳ころの子どもがこうした絵を描いていた。

　3つ目は垂直投影法的な絵と呼ばれたものである（図9-12-c）。机の上の面と机の脚が4本描かれており、その他のモチーフも二面が描かれている。特徴的なのは、机の上の面の輪郭線で、机の左右の輪郭線がほぼ垂直に描かれており、遠近法的に言うなら上から見た視点で描かれている（この視点では机の脚は見えないはずだ）。立体的な見方が芽生えているが、その描き方には視点の一貫性がない、東山ら（1999）が「写実期の黎明期」と呼んだ過渡期的な特徴がよく表れていると言える。この実験では平均して11歳ごろの子どもがこうした絵を描いていた。

　4つ目は斜投影法的な絵と呼ばれている（図9-12-d）。今度は机の側面が描かれ、奥行きがその斜めの輪郭線で描かれている。実験に参加した子どもが描く際の視点では、机の側面が見えないはずだから、もてる知識を使いながらなんとか机の奥行きを描こうとしたのかもしれない。これも「写実の黎明期」に見られる遠近法的な描き方への過渡期的な表現と言える。実験では、平均して13歳ごろの子どもがこうした絵を描いていた。

　最後は素朴遠近法と呼ばれるもので、机の左右の輪郭線が奥に向かって収束するように描かれており、4つの足もそれに従うように描かれている（図9-12-e）。立体的に奥行きを描く際の視点が一つに定まっており、東山ら（1999）が「写実期」と呼んだのものと同じ特徴をもっていると言える。この実験では、平均して14歳ごろの子どもがこのような絵を描いていた。とはいえ、図9-12-eに示した絵では机の左右の線の収束がやや浅く、足の部分と描き方か

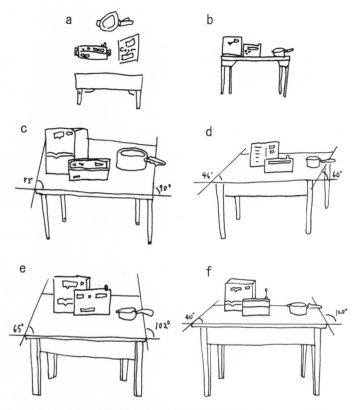

図9-12　実験で子どもたちが描いた絵（Willats, 1977をもとに作成）

らすると少し机の上の面が立ち上がっているようにも見える。そうしたなかで、基準となる絵とも机の輪郭線の角度があまり変わらない、遠近法的にはきわめて自然に見える絵を描いた子どももいた（図9-12-f）。平均年齢的には13歳ごろと素朴遠近法で描いた子どもより少し幼かったが、こうした絵を描いた子どもは少なく、特別に絵が上手な子どもだったのかもしれない。

　このように、空間的な描き方という側面で言えば、東山ら（1999）が述べた子どもの絵の発達段階はこの実験（Willats, 1977）でも確かめられたと言える。年齢については両者で異同はあるが、この実験においても各段階の絵を描いていた子どもの年齢にはある程度のばらつきがあった。子どもの発達の進み方には多かれ少なかれ違いがあるので、各時期で示した年齢についてはあくまでも

目安と考えてほしい。

　ここまで、子どもの絵の発達過程を概観してきたが、子どもの絵の発達は写実的、遠近法的に描くことができれば、そこで終わるというわけではないことに気をつけてほしい。東山ら（1999）は、写実期の後の14歳から18歳ごろを「完成期」と呼び、ただ客観的、写実的に対象の外形を描くだけでなく、自身の内面的なところまで踏み込んで観察し表現する、高度で質の高い作品を作ることも可能になるとしている。また、絵画や彫刻、デザインなどを志した人は、そのつど新たな課題に取り組みつつも、さまざまな表現を模索し、とき新たな表現を作り出していくかもしれない。私たちの造形活動の発達は赤ちゃんのころから連綿と続き、その後も続いていくと言える。

　　アルトちゃん　子どもの絵が遠近法を獲得していく道のりをたどるように変化していくって考えたことなかったな。おもしろい。でもちょっとそれって、狭い見方のような気もするな。というのも遠近法ってすごく西洋的な概念だと思うんだよ。日本じゃつい最近輸入されてきたものだし。たとえばいつの時代、どこの国でもそれが当てはまるのかな。子どもが、ものの奥行きとか重なりとかを表現する様式を描きながら発見したりしていく過程というのはわかるんだけども。
　　シンリ君　うん。たしかに西洋的な見方で、これだけが発達の筋道だというのはフェアじゃないよね。

4　造形の発達と歴史・文化

　遠近法、特に線遠近法（透視図法ともいう）は、15世紀ごろに西洋で発明された絵画の作図法である。これについて、佐藤ら（1992）の『遠近法の精神史』をもとに簡単に触れておこう。
　遠近法が発見される以前に西洋で描かれた絵画にも、立体的に奥行きを表現したものはあった。ただ、それらは建築物や家具などを斜投像（カバリエ投象）的に表すもので、補助線などを引くと輪郭線が平行に走っていたり、部屋は正面から見ているのに机は横の面が見えているものがあったりする。遠近法を知っている私たちから見ると、絵の中で複数の視点が混在しているような状

態に見える。これは子どもの「写実の黎明期」と同じような特徴をもっているとも言える。もちろん、遠近法を知らなくてもかなり正確に建築物を描いていた画家もいたが、補助線を引くと消失点にズレがあることが確認されている。そうしたなかで、ブルネレスキというイタリアの作家が線遠近法を最初に用い、絵を制作したと言われている。重要なのは、ブルネレスキによって絵画における消失点、もっと言えば対象や世界に対する「視点」が発見されたということだ。子どもの絵の発達を見ていったときに、「写実期」の特徴として視点が一つに定まることを見てきたが、絵画の歴史においても同じようなことが生じたとも言える。

　さらに、古い西洋の宗教画などを見ると、基底線に沿って人が並んでいるが、その配置や大きさがおそらくは序列関係に沿って描かれている絵、天使の羽などが象徴的に描かれている絵などもある。また、先史時代のラスコーの壁画はいくつかの例外を除いて配置が特に考慮されずに動物が描かれており、ある絵の上から別の絵が適当に描き加えられていることもあるそうだ（Gombrich, 1950）。これは、象徴期的な絵と見ることができる。一言でいうと、これまで見てきた子どもの絵の発達過程は、遠近法が成立するまでの西洋絵画の歴史の流れをたどっている、かのように見える。

　ただ、アルトちゃんが指摘したように、これは空間表現に関する一つの見方にすぎないとも言える。そして、こうした見方は、西洋文化において成立した遠近法を到達点として、それまでの多様な表現様式を未熟なものと捉えるということにつながりかねない。リュケが図式期の子どもの絵を「知的写実性」と名づけながらも「その物自体」を表現していると述べたように（Luquet, 1935）、その時期に描かれた絵は、写実的な絵にはない面白さや対象の本質的な特徴が描かれているようにも見える。

　アルトちゃん　遠近法だけが空間表現、絵画表現じゃないっていうのは、わかってるつもりだったけど、あらためて、カテゴリーが違う絵をいくつか思い浮かべて比べるだけでもさ、その振れ幅の大きさで頭が爆発しそうになるよ。

　たとえば葛飾北斎の版画だったら、ものどうしの重なりや色や形の関係を絶妙に利用して、空間というより、景観っていう大きな印象をパッと見せるし、肉筆で人を描いたのでも、西洋の画家が拘った量感みたいなのはないんだけど、

生活している人間の人臭さに笑ってしまうくらい共感できる。アンリ・ルソーの絵なんてパースはめちゃくちゃだけど、時間と切り離されていないような空間があるように思わされるし、抽象画だってある意味重力のない空間の表現だと思う。本当にたくさんのリアルさがあって、その絵の中で現実世界の物理法則ではありえない見え方や形が描かれていたとしても、嘘だとか間違いではない。その人が見た、他の人も見ているかもしれない、本当のことを描くのが絵だもの。

　シンリ君　そうした視点で言えば、子どもの「なぐり描き」は何かを表現しようとするものというより、クレヨンやマーカーなどの描画道具と体の関わりがさまざまに探られ、その結果現れる痕跡の美しさ、面白さが純粋に現れていると言えるのかもしれないね。その他の時期の絵も含め、子どもの絵は、その時々で世界をどう捉え、そして道具や紙などとどのように関わっているかを示す、一つの完結した表現と言えると思う。マティスやクレー、晩年のピカソの作品は写実的に描くのをやめて「図式期」や「象徴期」のように描いているように見えるし、ポロックのアクションペインティングのように、一見すると絵具のマチエールを活かした子どもの「なぐり描き」を思わせるようなものもある（Gombrich, 1950）。もちろん、ポロックは確かな技術のうえでやってるんだろうけど。

　アルトちゃん　マチエールといえば、タピエスとかフォンタナとか・・・

　シンリ君　「その人が見た本当のこと」か・・・それって個々の生物がどのような世界を生きているのか、そしてその生き方のユニークさ、という問題と、どこか似ているんじゃないかな、とも思う。進化の歴史の中では生物種はさまざまに分岐し、特有の形態や行動をもった生物が生まれてきたけど、個々の生物がそれぞれの環境に適応してユニークな世界の見方、生き方をしてきた。年代が古いものは劣っていて時代が最近のものになるほど優れているといった優劣はないはずだ。それと同じように、遠近法を到達点とするという考え方の枠組みを外せば、子どもの絵に見られる表現様式にも優劣はないと考えることができるよね。そのことに気をつければ、子ども絵とその発達過程の研究は、さまざまな時代、さまざまな文化における絵画、彫刻などの造形作品が何を表現しているのかを見ていく際に、一つの視点を与えてくれるかもしれない（図9–13）。また子どもがその時々に工夫し、探っていくことで現れる多様な造形表現を見ていくことは、新たな造形作品を作り出す際のヒントになるのかもしれない。

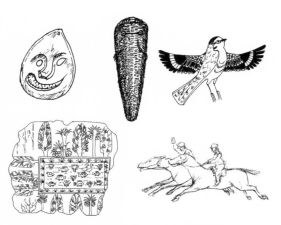

図9-13　さまざまな文化、時代における造形作品
（Gombrich, 1950 に収録された図版をもとに作成）
上段左：イヌイットの舞踊用仮面（アラスカ1880年ごろ）
上段真中：オロ戦争の神（タヒチ18世紀）
上段右：クヌンヘテプの墳墓内の壁画に描かれた鳥の絵（紀元前1900年ごろ）
下段左：ネバムンの庭（紀元前1400年ごろ）
下段右：テオドール・ジェリコー『エプソムの競馬』に描かれた馬（1821年）

> ### コラム　赤ちゃんの発達と発達段階

　赤ちゃんや子どもの発達はさまざまで、各々の子どもそれぞれが個性的な過程を経る。だから、まったく同じ年齢の子どもが同じことをできるとは限らないし、たとえば目の前のおもちゃに手を伸ばす、寝返りといった単純に思える動きでも、子どもは自分の得意な動きをいろいろ工夫しながら自分なりの寝返りの仕方を身につけたりする（Thelen et al., 1993；山本, 2016）。このように発達の過程は子どもによってそれぞれ違うが、その一方で多少の早い遅いなどはあるにしても、だいたいの子どもはおおむね一定の発達の道筋を順番にたどっていくということも経験的に知られている。というのも、寝返りやハイハイができないのに歩きはじめる子どもというのは、まずいないからだ。

　そうした発達の道筋を理解することは、とりもなおさず子どもの発達の大事な部分を理解し、子どもを育てていくのに役に立つのではないか、昔の研究者はそう考えたのだろう。たくさんの子どものさまざまな発達過程を見ながら、そこに共通する子ども発達の道筋を、これができるようになった後で

次のことができるようになる、というように階段を上るような過程になぞらえ、整理してきた（たとえば、Gesell et al., 1934 ; McGraw, 1989）。この、多くの子どもが共通して登っていく発達の階段の一つ一つのステップは「段階」と呼ばれる。ここで見てきた子どもの絵の発達の過程も、そうした段階的な見方をとっている。その一方で、それぞれの子どもは自分なりの仕方で絵を描いていき、時にはそうした発達段階にあてはらないものもあるかもしれない。発達段階を一つの助けとして子どもの発達を見ることも大事だが、目の前で起こっているそれぞれの子どもの発達に注意を払うことも、同じくらい重要なことだと考えられる。

【注】

[1] 遠くにあっても私たちはそれを小さくなったとは捉えず、同じ大きさのものと知覚している。その意味で子どもは見た目の大きさではなく、知覚の恒常性に沿って絵を描いているとも言える。知覚の恒常性については本書2章の「4　重視されるのは恒常性」を参照。

【引用文献】

Gesell, A., & Ames, L. B. (1940) The ontogenetic organization of prone behavior in human infancy. *Journal of Genetic Psychology, 56*, 247-263.

Gesell, A., Thompson, H., & Amatruda, C. S. (1934) *Infant behavior: Its genesis and growth.* New York: McGraw-Hill.〔ゲゼル，A.・トンプソン，H.・アマトルーダ，C. S.／新井清三郎（訳）(1982)『小児の発達と行動』福村出版.〕

Gibson, J. J., & Yonas, M. P. (1967) A new Theory of scribbling and drawing in children. In H. Levin, E. J. Gibson, & J. J. Gibson (Ed.), *The analysis of reading skill*, Washington, D. C.: U.S. Department of Health, Education, and a Welfare, Office of Education. (Final report)

Gombrich, E. H. (1950) *The Story of Art.* London: Phaidon.〔ゴンブリッチ，E. H.／天野衛・大西広・奥野卓・桐山宣雄・長谷川摂子・長谷川宏・林道郎・宮腰直人（訳）(2011)『美術の物語』（ポケット版）ファイドン.〕

東山明・東山直美 (1999)『子どもの絵は何を語るか：発達科学の視点から』日本放送出版協会.

Kellogg, R. (1970) *Analyzing children's art.* California: National Press Books.〔ケロッグ，R.／深田尚彦（訳）(1998)『児童画の発達過程：なぐり描きからピクチュアへ』黎明書房.〕

Lowenfeld, V. (1957) *Creative and mental growth* (3rd Edition). London: The macmillan company.〔ローウェンフェルド，V.／竹内清・武井勝雄・掘ノ内敏（訳）(1963)『美術による人間形成』黎明書房.〕

Luquet, G. H. (1935) *Le dessin enfantin.* Paris: F. Alcan.〔リュケ，G. H.／須賀哲夫（監訳）(1979)『子どもの絵』金子書房.〕

McGraw, M. B. (1989) *The neuromuscular maturation of the human infant* (Classics in developmental medicine: No.4). London: Mac keith press.

西崎実穂 (2007)「乳幼児期における行為と『痕跡』：なぐり描きに先立つ表現以前の"表現"」『質

的心理学研究』6, 41-55.

佐々木正人（編）(2008)『アフォーダンスの視点から乳幼児の育ちを考察』小学館.

佐藤忠良・中村雄二郎・小山清男・若桑みどり・中村祐介・神吉敬三 (1992)『遠近法の精神史』平凡社.

Thelen, E., Corbetta, D., Kamm, K., Spencer, J.P., Schneider, K., & Zernicke, R.F. (1993) The transition to reaching: Mapping intention and intrinsic dynamics. *Child Development, 64,* 1058-1098.

山田真世 (2014)「幼児期の描画発達研究の動向と展望」『神戸大学大学院人間発達環境学研究科研究紀要』8(1), 123-133.

山本尚樹 (2016)『個のダイナミクス：運動発達研究の源流と展開』金子書房.

Willats, J. (1977) How children learn to draw realistic pictures. *Quarterly Journal of Experimental Psychology , 29,* 367-382.

10章　絵には何が現れるか
　　　── たぬ吉悩む!?

（夕日がキャンパスを赤く染めている。アルトちゃんが守衛の八木さんと話している。）

　アルトちゃん　たぬ吉、さっき正門のところで車にひかれかけたんだって・・・。ちょっと当たっただけだから大丈夫だと思うって中尾さんは言ってたけど、ケガの様子を見ようとしたらそのままどっかに行ってしまったんだって・・・。

　シンリ君　調子悪そうだったものな。外に出たのならまた事故とかに遭ってなければいいけれど・・・。

　アルトちゃん　まあ彼は飼い猫ではなかったのだから、どこに行こうがどこで死のうが彼の自由なんだけど ・・・。いつも夜はこの辺で寝ていることが多いんだけどな。なんだか荒れている。

　シンリ君　うん。ネコは決まった場所で排泄をする。普通自分の巣ではしないんだけど ・・・。毛もたくさん落ちているし ・・・ もしかしたら、長い間何か大きいストレスを感じていたのかもしれない。

　アルトちゃん　例の本にもそういう話があったけど、心理学ってそうやってすぐ人のこと分析するところあるよね。不愉快だ。

　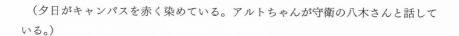　**シンリ君**　ごめんごめん。今のは冗談だよ。僕も基本的には同感。芸術療法に関心をもつ美大生もいるって聞くし、描くことの効果について期待する人は多い。けれども、描画テストのように、そこから何かを読みとることには違和感を感じる人は少なくないよね。それに僕はそもそも描画テストって美大生にはあまり有効ではないと思う。でも芸術が社会の中でどのように生かされているかを知るという意味で、描画描法や描画テストの構造について少し知っておくことは重要だと思うんだよね。そしてそれは絵を描くという行為の理解にもつながると思うんだ。

　アルトちゃん　理解しないといけないの？

シンリ君　（ため息をついて）アルトちゃんは、何でもやる気をもり下げるのがうまいね。

アルトちゃん　そ、そんなつもりないよ!?　ごめん、つい・・・思ったことすぐ言っちゃって。一般的な答えには正直に言えば興味がないんだけれど、多少押しつけがましく強引なくらいがシンリ君のイメージだし、がんばって！　存分に語ってくれ!!

> **天の声**
>
> 　画家だけではなく、多くの人が絵を描く。絵をはじめとした造形は人の行為の痕跡であるのだから、造形には個性やそのときの心理状態が反映されてくると考える人は多い。造形からどのようなことが読みとられると考えられているのだろうか、また造形活動は人びとの生活にどのような意味を与えるのだろうか。

（シンリ君、戸惑いながら説明モードに入る。）

1　言語的なものと非言語的なもの

　私たちは言語の世界で生きている。言語の世界は、記号的な世界で、意味するもの（シニフィアン）と意味されるもの（シニフィエ）が対応関係にあると考えられている。言葉は便利なもので、ここに存在しないものの様子や状態、気持ちのような目に見えないものも含めて、実にいろいろなことを伝えることができる。伝えることのできる内容の幅の広さという意味で、言語的なコミュニケーションはきわめて優れている。だから人は基本的に言葉でコミュニケーションをしているつもりであるし、だから心的な問題を抱えているときに行われるカウンセリングなどでも、言語を介したコミュニケーションは重要だ。

　言語的なコミュニケーションは、自分が抱えている問題を他者に伝え、それに対する他者からの反応を見て、自分が感じている不安が不当なものでないと確認することで安心したり、問題の意味づけを変えたりすることができる。また、言葉にすること自体が出来事を意味づける行為でもあり、自分の置かれている状況や気持ちを言葉にすることで、もやもやとした現在の自分の状態をよ

154

り深く理解し、少し距離をとって見ることができることがある。

　このように、言語は、混沌とした形のない気持ちに枠を与え、単なる出来事の羅列でしかない過去や未来の不安に意味づけや因果関係の解釈を与えるという点で優れている。そして聞き手は話された言葉、そして話されなかった言葉から、その人の状態を理解することができるだろう（たとえば、「ゴキブリ」といわずに「G」と呼ぶ人がいれば、そのことからそれに対する意味づけや感情を読みとることができるだろうし、こちらからのある質問には答えずに別のことを話しはじめる人がいれば、それは何かを意味すると感じるだろう）。

　その意味で言語は優れたコミュニケーションツールであるが、限界もある。「ネコ」という言葉は、カテゴリーとしてのネコを指すが、どういうネコなのか、「ネコ」と言った人がネコに対してどういう感情や思いをもっているのかを示さない。しかし、文字に書くにせよ（ある人は細い線で角の方に走り書きするかもしれない）、言葉で発するにせよ（ある人は思い入れたっぷりに発音するかもしれない）、何らかのかたちで表現したとき、何らかの（非言語的な）ニュアンスが現れ、それを読みとることができる（強い感情はないというニュアンスも含めて）。このような非言語的側面は、伝達できる内容は限られるが、感情的・関係的な情報には富んでいることがある。

　物理的な存在である人は、言葉を発していなくても、非言語的な情報を発し続けている。椅子への座り方一つとっても、どかんと座るのか、しとやかに座るのか、さまざまな座り方があるし、みんなが笑っているときに一人だけ笑わないでいれば、それは強烈なメッセージとして読みとられるだろう（荒川, 2020）。だから、人は、役者でなくても、どういうふうに見られたいかを演じている（その演技には上手下手がある）。このような非言語的な要素は、その人の動きだけではなく、人が手を動かした痕跡である絵画などの作品にも見ることができるだろう。

　もちろん絵画などの芸術は、非意図的な漏洩ではなく、意図的な表現でもあり、そこでの表現から描き手の状態を読みとってもそれが誤解であるということはあるだろう。しかし、何かを表現しようとしているということも含めて、それを見る人は、その作り手の価値観や関心、感情などを読みとることができる。

　これが芸術（的なもの）が、心理療法の文脈で用いられる一つの理由であるが、このほかにも、芸術（本章でいう「芸術」はアーティストの作品というよ

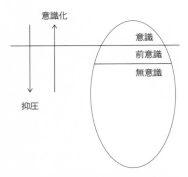

図10-1 意識・無意識・前意識

りも、絵や音楽などといった芸術の形式を借りたもの全般を指す）のような非言語的な表現がその作り手の理解の材料としてその作り手の理解の材料として利用されるのにはさまざまな理由がある。第1に、芸術のような表現は言語にならないイメージを含んだものだ。古典的な力動心理学の理論では、人の心というのは図10-1のような水面に浮かぶ氷山のイメージで理解されていた。ここで言う「無意識」は、最初のころに話した自動処理されている部分という意味での「無意識」とは異なり、意識に昇らせることが厭わしい記憶や思考などが抑圧されているところであり、この抑圧されたものがいろいろな問題を引き起こすと考えられていた。だからフロイトやユングの力動心理学の流れでは、この無意識を自由連想や夢分析などで意識できるようにすることで、治療ができると考えられていた。ちなみに、力動心理学の人たちは、言葉とともにイメージ（心像）も大事にする。イメージは意識と無意識の間にあって、言葉になるものだけではなく、言葉にならないものを視覚的なかたちで捉えたものだと考えられている。

　第2に、非言語的な表現は言語でのコミュニケーションが困難な人も利用できる。たとえば、まだ言語発達が不十分な子どもは、自分の身に起こったことを言葉では表現できないかもしれない。子どもではなくてもその体験があまりに壮絶で言葉を与えるのが困難な場合もあり、また人と話をするのが苦手な人もいる。しかし、そのような場合やそのような人でも絵を描くことはできることもある。そのような人たちが視覚的に表現することで、言語と同じ効果、つまり自分の中の有象無象の感情に形を与えて整理したり、他者に伝える効果が

期待できる。

　第3に、多くの人にとって、絵を描いたりすることは主たるコミュニケーションメディアではない。だから言語的には内面が表面化するのを慎重に避ける場合でも、絵を描く際には防衛（自我を守ろうとして感情等を隠蔽したりすること）が下がることもあるし、絵の中で伝わるものを十分理解したりコントロールしたりするのが困難なために意識しないうちに内面的なものが現れ出てくることがある。言語では嘘でも何でも言うのは簡単だけれども、非言語的なものはコントロールすべきことが多すぎて積極的に表現しようと思っていないことが漏れ出ることがある。このように内面的なものが表出されやすい理由としては、たとえば「絵で描いただけで本心ではない」という言い訳の余地が残されているということもあるだろう。

　第4に、これが独立した作業であることがある。色や形を構想し、手を動かすことや、一つの作品としての完成を見ることは、その作品が悲劇的なものであれカタルシス（自分とは切り離した世界のなかで、自分が感じている感情を完結させることで得る満足。浄化作用）の効果をもたらすと考えられている。

アルトちゃん　なるほど、友だちもアートセラピーやりたいって言ってた!!
シンリ君　うん。絵が描ける人が絵の楽しさを知らない人に絵の楽しさを伝

　えるのはいいよね。でも「セラピー」と言ってしまうと、ちょっと問題になるかもしれない。ちょっとこの本見てみてよ。

　　「心のケア」ブームとなってから、子どもに無理やり地震の作文を書か
　　せたり、地震の絵を描かせたりした教師がいて、問題となったことがあっ
　　た。不安や恐れは言葉や絵などで表現したほうがよいとはいえ、強いると
　　かえって心を傷つけ、立ち直るチャンスを奪うことになる（NHK神戸放送
　　局, 1999）。

　昔は、デブリーフィングといって、災害直後に、その体験を話させたり、描かせたりすると良い効果があると信じられていたんだ。ところが、まだ十分準備ができていない状態で無理に発露させてしまって、より傷を深くしてしまうことが相次いだんだ。さっきの文章は阪神淡路大震災のものだけど、震災に限らなくても、デブリーフィングには強い影響力があって、一歩間違えると逆効

果になってしまうこともある。だから「セラピー」と言うなら、ちゃんと専門的に勉強して慎重にやらないといけないし、相手の状態を見定めたり、もしネガティブな状態になってしまったときに対応できる専門家と組んでやるほうがいいかもしれない。みんなはアートについては専門に学んだかもしれないけど、セラピーについては学んだわけではないからね。

　アルトちゃん　それわかるな。目に見えない深刻な傷ほど、よく見ようとしたり傷口を開いて膿を出すようなことをしては自分を損なうことになっちゃう。「昇華させている」みたいなことを簡単に言う人多いけど、ネガティブなエネルギーはポジティブなものより強いし ･･･ 絵を描くのも、混沌を扱うのに洗練と統制が伴わないなら作品にならない。

2　芸術っぽいものを利用した検査

　そこで、さまざまな「芸術」が芸術療法として心理臨床に取り上げられてきた。心理臨床において使われる「芸術」は大きく二つに分けることができる。第1が、描画テストやロールシャッハテスト、TAT（主題統覚検査）のように、状態把握のための「芸術」であり、第2は、制作行為自体に治療効果を期待するものだ。

　このうち、第1の状態把握のための「芸術」は、さらに2種に分けられる。一つは、提示してそれに対する反応を求めるだけで自分では制作しないものであり、もう一つは、自分で制作することが求められるものだ。前者の代表例はロールシャッハテストやTATで、これらのテストでは、インクのシミのような曖昧な図形や、曖昧なイラストなどが提示され、それに対する対象者の反応が評価されるが、その背景にあるのは、その人の認知傾向や感情状態によって影響されるという知覚の性質である。単純化して言えば、同じ曖昧な図形を見ても、非常に不安な心理状態の人は、不安なものを見てとるだろうし、楽しい心理状態の人は、楽しいものを見てとるだろう。また、思考能力が高いときには、自分が見てとったものとそこに描かれている線や色の関係を整合的に説明できるだろうし、低いときには一部の色や形状にとらわれて、全体としての整合性についてはうまく説明できないかもしれない。

　もう一つの、自分で制作することが求められるタイプの検査には、いろいろな種類があり、課題画テスト、自然風景を描く描画テスト、刺激図のある描

画テストに分けられる（杉浦ほか, 2005）。課題画テストには「人物画テスト」、自然風景を描く描画テストには「バウムテスト」や「HTPテスト」（家と木と人を描く）、刺激図のある描画テストには「ワルテッグ描画テスト」などが含まれる。

このうち、人物を描かせる人物画テストは、特に意識的な自己像や対人関係をよく表し、（実のなる）一本の木を描かせるバウムテストは、比較的潜在的な意識を反映すると言われている。これらのテストでは、どのような部分をどのように描いたかに基づいてその人の状態についての仮説がたてられるが、それらの多くは、理論から推定されたものや臨床家としての経験に基づくものなので、絵を日常的に描いている人からすれば的外れに見えるかもしれない。しかし、それらは、「こういう線を描く人はこういう人」と決めつけていると理解するのではなく、さまざまな見立てをするための道具として利用されていると考えたほうがいいだろう。そのため、絵そのものだけではなく、絵を描いているときの様子や、絵が完成した後での対話が重要だと言われることも多い。

このほかに自由画を用いることもあるが、何もない状態で好きなものを描くように言われても描くものが出てこない人や精神的に不安定な状態にある人には、課題や刺激線があったほうが描きやすいことがあると言われている。たとえば, 中井（1992）の風景構成法では、「川」→「山」→「田」→「道」→「家」→「木」→「人」→「花」→「動物」→「石」→「足りないと思うもの」の順で描くように随時指示を出し、さらに描画の開始前に治療者側で画面の枠をあえて少し雑に描き入れることで、「立派な作品を作らなければ」という気持ちを和らげる。

他方、刺激線を用いるワルテッグ描画テストには、8つの升目（縦2×横4）の中に刺激線と呼ばれる幾何学的な手がかり（たとえば、マスの真ん中に・）が事前に描き込まれており、対象者は刺激線を踏まえてそれに自由に線を加えることでそれぞれの升目の中で絵を完成させる。このような刺激線のあるテストでは、刺激に対する反応も見ることができる。他方、このワルテッグ描画テストのような刺激線は用いないが、升目は用いるテストはほかにもある（たとえば九分割統合絵画法：森谷, 1986）。これらのテストでは、升目を埋めていく順が決められているものもあり、升目が進むにつれて物語的な変化を起こし、それを観察することができる。

ここまであげたものは、一人で描画するものだが、検査者または治療者と対

図10-2　ロールシャッハテスト風の図（著者作成）

象者が交互にやりとりするものもある。その一つが交互スクイグル法で、最初に一方が刺激となる線を鉛筆などで、ぐるぐると描き、それに相手が自由に線を足したり、色を塗って絵に付け加えていくことを繰り返す。この方法では治療や診断というよりも、コミュニケーションをとることや相互の理解を深めることに重きがあると言えるかもしれない。

　　アルトちゃん　ロールシャッハしたことがあってさ、何に見えるかって、インクのシミにしか見えなくて、こじつければいろいろ言えるから一枚でずっと話してたら、もうそろそろいいですって言われんだよ。あんなテストでホントに人の状態が理解できるの？
　　シンリ君　たしかにロールシャッハテストには、その信頼性（どの検査者が測っても同じ結果が出るか）などに対する批判もあるよ。でも重要なのは、言語的な側面以外からその人にアプローチすることではないかな。言語的なコミュニケーションでは一見なんの問題もないように見える人でもロールシャッハテストで問題がわかることや、言語的なコミュニケーションが難しい人でもロールシャッハでは問題のないことがわかったりすることもあるしね。

3　制作活動を通した介入

　アート表現は、単に状態を読みとる手がかりになるというだけではなく、それ自体に効果を期待することができる。たとえば箱庭療法は、1929年にイギ

リスのローウェンフェルド（M. Lowenfeld）という人が子ども用に開発した方法である。このテストはその後発展を遂げ、箱庭という安全な枠を設けることで、日常生活では開くことのできない心の扉を開いて、ネガティブな感情も含めて象徴的に表現することで治療が進むと考えられている。

これに参加する人（子どもが多いが大人にも用いられる）は、砂の入った57cm×72cmの箱に向かい、時に砂で山や川を作りながら、人形などのさまざまなおもちゃを配置する。箱庭療法は診断の方法でもあり、治療者は、全体が統合されているか分離しているかといった全体の統合性や、空間配置、そして主題がどのように描かれるか（どのような状態を象徴しているか）などを手がかりに、その人の状態を知る。他方、治療法としての箱庭療法の最中には、①動物的、植物的段階、②闘争の段階、③集団への適応の段階へと変化していくことが知られている。ここで重要な状態は、②の闘争の段階であり、この段階では一時的に箱庭に攻撃性がもたらされるが、これを経ることでその後適応状態に至ると言われている。

箱庭療法は作品性という面では高くない。そういう意味で描画療法やコラージュといった方法のほうが、芸術療法のイメージに合うだろう。近年では作品制作を行うさまざまな治療法が提案されているが、残念ながら、たとえば描画療法の治療的効果についてのはっきりしたエビデンスがあるわけではない。たしかに一部で認知症（Mimica et al., 2011; Young et al., 2015）に有効であったという研究がある一方で、抑うつ（Mueller et al., 2011）や統合失調症（Crawford et al., 2012: Kalaitzaki, 2012）には効果がないという研究もある。しかし、これらは「一般的に効果があるわけではない」ということを意味しているのであり、人によっては、有効に機能する場合もあるだろう。

他方で、制作活動を行っている人のなかには、制作はさまざまなつらい問題を乗り越える手助けになっていると感じている人も少なくない。表現するということが心的問題の解決に役立つのだとすれば、その効果を得るためにはある程度自由に表現ができるようになっていることが必要なのかもしれない。たとえば、外国語でカウンセリングを受ける場面を想像してみるとわかりやすい。きっと言語の壁で、思った効果が得られないだろう。逆に言えば、ある程度自由に表現できるようになってはじめて描画は思考の手段となり、描くことを通して考え、頭の中ではなく頭の外で形を与え、距離をとって問題とかかわることができるようになるのかもしれない。

また、このような思考の外在化が有効なのは、治療者と被治療者との関係でも同様であり、絵画などで表現するという日常の言語的な治療とは異なる時間を共有することで、治療者が今まで知らなかった被治療者の一面を知る機会になることは、治療にポジティブな効果を期待できるかもしれない（中井（1998）も、治療者の退屈を救う可能性を指摘している）。

　表現することのポジティブな効果は、芸術療法に参加しなければ得られないわけではない。手を動かし、普段の自分の生活の文脈とは異なる文脈に没頭することで、日常とは違う時間を過ごすという効果を期待することができる。実際、悲しみの感情を感じている参加者に、自分の感じている感情をよく観察してそれを描画させると、感情が緩和されることが報告されている（Drake et al., 2016; ただし、感情を表現するようにと指示して描画させると、緩和効果は見られなかった）。さらにこの傾向は、1か月後でも見られた（Drake, 2019）。しかし、抱えている問題とは別のことに集中するということ（自分の能力に対して適度な課題を次から次へと向かう中で自我の感覚が消滅する、いわゆるフロー体験）の利益を得るためなら、絵を描く以外の手段もある。人によってはプラモデルづくりやゲームをすること、料理をすること、盆栽や庭木をいじることで、絵を描くことと類似した効果を得ているだろう。

　　シンリ君　造形活動を続ける人のなかに、造形活動を自己治癒の一つだと考える人もいるよね。制作を通して今と違う時間を生きることができて、今の問題と少し間を置くことができるし、制作を通して問題を対象化したり、視覚的に考えて、それに対する理解を深めて、解決につなげているのかもしれないね。

　アルトちゃん　うーん。自分の経験で言うと、絵を描くことが現実の問題の解決につながったみたいなことはないんだよな。でもそういえば、絵に集中してるときって、君が「今とは違う時間を生きることができる」って言ってたのと、同じかわかんないけど、しんとして、意味とか「今」がなくなるっていうのかな、うまく言えないな・・・自分から自分が解放されるような感じがすることがあるよ。ただ、芸術療法っていう名前がどうもしっくりこないんだよな。自分の心的な問題と制作で取り組む問題って関係ないんじゃないか？　わたしは違う、違うからできる。他の人はそうでもないのかな？

　シンリ君　専門的に制作している人になればなるほど、制作と自分の問題と

の結びつきはバラバラだよね。切り離している人も多いし、きっかけは自分の問題だったかもしれないけど、今ではそれに取材しているだけで、そこから表現を広げている人もいるし・・・。ちなみに、描画テストもアートそのものを測っているわけではないんだよ、アートとしての作品とは別の層を見ているので・・・。そこも誤解が多いところかもね。

コラム **描画テストと創作絵画は何が違う？**

　普通に絵を描くことと心理検査として絵を描くことには、どんな違いがあるのだろうか？　そんな疑問をもつ人は多いのではないだろうか。たしかに絵を描く作業としては変わりないように見える。両者を分ける要素として見逃せないのは、描画テストには決まった「実施法」と「解釈法」があるということだろう。

　「一本の果実のなる木を描いてください。」これはスイス人のコッホ（C. Koch）が1952年に出版した『バウムテスト』に載っている教示である。「教示」とは心理学の実験の報告では頻繁に目にする言葉で、"刺激を提示する"というような意味である。こう考えると描画テストで描く絵は"刺激"に対する"反応"ということにもなる。さらに被検者が「どんな木を描くのか。」と聞いても「あなたの思うように書いてください。」としかテスターは言わない（テスターも内心、心苦しく思うこともある）。評価基準を想像するような余計な刺激を与えると、被検者の描く絵に影響が出てしまうためだ。つまり心理検査という場面では、テスターも刺激の一部と見なされている。検査ごとに教示が定められているのも、検査の妥当性や信頼性を保つためであり、誰が実施しても一定の刺激提示になるように考えられているのである。もちろん、「あなたの人格をより理解するためにやるのです。」などの検査趣旨を説明するなどして被検者の緊張を適度にほぐすこともテスターの大事な役割である。剛と柔をテスターは使い分けているのである。これが心理検査の大まかな実施法である。

　描かれた絵はどのように評価されるのだろうか。描画テストはテーマが与えられる課題画と、被検者がテーマを選べる自由画がある。テーマの選択に被検者が関わる「自由画」は、課題画よりも内面を知る手がかりとして情報は豊富と言える。また課題画より自発的に描かれるため、描くこと自体がカ

10章　絵には何が現れるか　163

タルシスとなり、治療的意味合いをもつこともある。

　しかし、描画テストの8割は課題画である。それはどうしてか。自由画は情報が多すぎて評価が難しいのである。課題画は限られた時間内でパーソナリティを理解するには自由画より適している。決まった素材を描くことで、統計的手法から得られた比較判断基準がある。また樹木画、人物画は描画テストの頻出アイテムだが、これらが画力のあるなしに比較的左右されにくい題材であるという利点があるためだ。

　専門的な絵のトレーニングを受けた人の描画テストは、そうでない人に比べて評価に慎重さを要する。人物画のテストにまつわる実験で、評価者は美学生の描くものを一般人のものより適応的（≒人格的に健康度が高い）と判断するバイアスがかかるという結果も報告されている（Whitmyre, 1953）。

　評価にあたっては、線描のタッチやアイテムの大きさ、位置などを分析したり（形式分析）、バウムテストなら枝の先端の描かれ方、幹の太さ、陰影をどうつけるかなど、各パーツに細分化して検討を行う。これはある意味、被検者の感性、感覚を客観的指標に落とし込んでいく作業であるが、一方で、全体を見たときの直観的な印象も重視される。また絵のみを見て判断する（ブラインド手法）には限界があり、本人がどのようなイメージを投影しているのかを描いた後に質問をすることを手順に含めている描画テストもある（HTPなど）。

　風景構成法は奥行きのある風景を課題としており、統合失調症の症状の一つ、認知障害を反映しやすい。深刻な症状のもとでは奥行き知覚が失われ、アイテムを統合することができず、羅列型の絵になることがある。図10-3がそれである。同じ教示のもとで描かれた非統合失調症患者の絵と比較してみてほしい（図10-4）。

図10-3　風景構成法の例1

図10-4　風景構成法の例2

描画テストの評価にあたっては、他の投影法と同様、テスターの熟練度によって読みとれる情報量が異なってくる。主観と客観のバランスも難しいポイントである。細部の検討と同じくらい全体の印象を重視すること、本人の説明を取り入れることなどは、これを補う工夫と言えるだろう。そうした難点をもちながら描画テストが優れているのは、人格を直観的、統合的に提示できる点と言えよう。何百人が描いても、一つとして同じ絵に出会うことはない。

[海野有希]

───── コラム　大切なのは振り幅？　芸術家に求められる健康さとは ─────

　数ある投影法検査のなかでも、歴史や普及率からいってロールシャッハテストは代表格だろう。被検者は形の曖昧な刺激図版が何に見えるか、さらにどう見えたのかを説明する。テスターに「答えはない、何に見えても自由。」と教示されると、被検者は広い場所にポツンと立たされたようなよるべない気持ちになるようである。このようなロールシャッハテストには、若干の「退行」を誘う構造がある。

　話が前後してしまうが、退行とは端的に言うと、心のガードが緩むことである。ロールシャッハテストの非日常的な設定で「何を答えてもよい」と言われるのは「何言ってもいいのね？」とはめを外したくなる欲求を刺激し、「とはいえ、どこまでやってもいいの？」という不安も引き起こす。退行と葛藤を引き起こしやすい設定なのである。退行のほうは日常生活で誰でも経験している。たとえば飲み屋で仲間とワイワイしているとき、泣いたり笑ったり、感情表出をするとき、これもすべて退行の一部である。ロールシャッハテストは、こうした心のダイナミズムを写しとることに長けた検査法である。

　ロールシャッハテストを受けたアルトちゃんは「シミにしか見えなくって、たくさん喋ったら止められちゃった！」と不機嫌そうだったが、もしかしたらたくさん喋りすぎて（退行しすぎて）、ちょっとバツが悪くなってしまったのかもしれない。テスターとのやりとりの中でどこまで退行的になるか、なれるか、それをどうごまかすか？　ロールシャッハテストはありのままを映し出す。テスターが被検者の言動を制することは滅多にないが、被検者が

退行しすぎと見てとれば、時には軌道修正をするのも役目である。

　退行しやすい人すなわち危ない人、と理解するのは早計である。情緒豊かで生き生きした生活は適度に退行がある生活である。それでは、創作活動と退行はどのような関係にあるのだろうか？

　馬場（1979, 1981）はロールシャッハテストを用いて詩人たちの精神力動について研究を行い、一般の人の退行と芸術家の退行の違いを見出した。馬場は芸術家の作品において鑑賞者（読者）の心を動かす創造活動には深い水準の退行が必要だとし、さらに退行だけから生まれる作品は白昼夢と変わらず、他者に伝達するためには作者の意思、意図が介在しなければならないと述べている。このような芸術家の創造的退行を、馬場は「あえての退行」という言葉で表現する。どこか意図的な退行だというのである。優れた芸術家は潔く深く退行するとともに、自分を俯瞰する視点が備わっている。つまり退行しっぱなしではなく、同時に健康な自我が備わっているのである。

　無意識の領域こそ創造的エネルギーの源泉と考えたのはユング（C. G. Jung）である。ユング派の心理療法の技法に「アクティブ・イマジネーション（能動的想像法）」があるが、この技法の考え方の背景にも、退行と健康な自我の関係性について重要な示唆がある。

　アクティブ・イマジネーションとは、自らの心に浮かぶ"ヴィジョン"と能動的に対話をする特殊な思考活動である。一見神秘主義的に聞こえるが、トレーニングを受けた分析家のもとで現実的に行う治療的行為である。分析家は被分析者がこの技法に適しているかを慎重に判断する。年齢は若年より中年期以降が望ましく、現実的な葛藤とある程度距離がとれていることが良いとされる。つまり、ある程度の自我の成熟が条件なのだ。それだけ無意識との対峙は、諸刃の刃という側面があるのだろう。

　アクティブ・イマジネーションはユングが1910年代、10年に及ぶ精神崩壊の危機を克服した体験をもとにしている。ユングが体験した無意識との対峙は壮絶なものだったと言われる。そのときの"ヴィジョン"は私的なノートに描きとめられ、死後かなりの年数を経た2009年に『赤の書』として刊行された（Jung et al., 2012）。1970年代、赤の書の草稿を目にした翻訳者リチャード・ハルは、知人への手紙で次のように書いている。「ユングが精神を病んだ人が体験するすべてのこと、そしてそれ以上のことを体験したことに疑いの余地はありません。」ユング自身、自らが発症しなかったことに驚

いたと言われているが、ハルはユングと一般の精神病者を分けたのは、ユングの類い稀なる観察力と理解力だ、と述べている。　　　　　　　［海野有希］

【引用文献】

荒川歩 (2020)「しぐさ」鈴木公啓（編著）『装いの心理学』(pp.139-148) 北大路書房.

馬場禮子 (1979)『心の断面図』青土社.

馬場禮子 (1981)『心の管制』朝日出版社.

Crawford, M. J., Killaspy, H., Barnes, T. R., Barrett, B., Byford, S., Clayton, K., ... & Drake, J. E., Hastedt, I., & James, C. (2016) Drawing to distract: Examining the psychological benefits of drawing over time. *Psychology of Aesthetics, Creativity, and the Arts, 10*(3), 325-331.

Drake, J. E. (2019) Examining the psychological and psychophysiological benefits of drawing over one month? *Psychology of Aesthetics, Creativity, and the Arts, 13*(3), 338-347.

Drake, J. E., Hastedt, I., & James, C. (2016). Drawing to distract: Examining the psychological benefits of drawing over time. *Psychology of Aesthetics, Creativity, and the Arts, 10*(3), 325-331.

Jung, G. G. Shamdasani, S. (Ed.) (2012) *The red book*：*liber novus*：*a reader's edition*. W. W. Norton.〔ユング, C. G.／シャムダサーニ, S.（編）／河合俊雄（監訳）(2014)『赤の書［テキスト版］』創元社.〕

Kalaitzaki, E. (2012) Group art therapy as an adjunctive treatment for people with schizophrenia: Multicentre pragmatic randomised trial. *Bmj, 344*: e846.

Mimica, N., & Kalini, D. (2011) Art therapy may be beneficial for reducing stress-related behaviours in people with dementia: Case report. *Psychiatria Danubina, 23*(1), 125-128.

森谷寛之 (1986)「イメージの多様性とその統合：マンダラ画法について」『心理臨床学研究』*3*, 71-81.

Mueller, J., Alie, C., Jonas, B., Brown, E., & Sherr, L. (2011) A quasi-experimental evaluation of a community-based art therapy intervention exploring the psychosocial health of children affected by HIV in South Africa. *Tropical Medicine & International Health, 16*(1), 57-66.

中井久夫 (1992)「風景構成法」『精神科治療学』*7*(3), 237-248.

中井久夫 (1998)「芸術療法の有益性と要注意点」徳田良仁・大森健一・飯森 真喜雄・中井久夫・山中康裕（監）『芸術療法1 理論編』(pp.28-38) 岩崎学術出版社.

NHK神戸放送局（編）(1999)『神戸・心の復興』NHK出版.

杉浦京子・香月菜々子・鋤柄のぞみ（空井健三監修）(2002)『家族描画法ハンドブック』矯正協会.

杉浦京子・香月菜々子・鋤柄のぞみ (2005)『投映描画法ガイドブック』山王出版.

Whitmyre, J. W. (1953) The significance of artistic excellence in the judgment of adjustment inferred from human figure drawings. *Journal of Consulting Psychology, 17*(6), 421-424.

Young, R., Camic, P. M., & Tischler, V. (2016) The impact of community-based arts and health interventions on cognition in people with dementia: A systematic literature review. *Aging & Mental Health, 20*(4), 337-351.

11章　創造性とは何か
── 人はいつ、この壁の向こう側に行けるのか

（日が暮れ、辺りが急に暗くなってくる。二人は帰ることにして、駅に向かって雑木林に囲まれた玉川上水沿いを歩いていると、川の方からネコの鳴き声がする。アルトちゃんが身軽にフェンスを乗り越えて川を覗き込んでみてみると、たぬ吉が斜面の少し下がったところの木の枝に引っかかって、弱々しい声で盛んに鳴いている。）

　　アルトちゃん　おお、たぬ吉おまえ、どうしてそんなところに引っかかったんだ！

（シンリ君は足元に落ちていた枯れ枝を拾い、フェンスの内側から身を乗り出してたぬ吉の引っかかった枝にちょっと引っ掛けて歩道側に引っ張ってみようとするが、そのとき何かがドボンと音を立てて川に落ちる。次の瞬間、枝が折れてしまい、下手をするとたぬ吉も数メートル下の川に落ちそうだ。）

アルトちゃん　ん？何か落とさなかった？

シンリ君　いや、僕じゃないと思う。石か何かじゃないかな。でも困ったなぁ。助けを呼びに行く？

アルトちゃん　ちょっと待って ・・・。（アルトちゃん、ぐるぐるとあたりを動き回る。）

シンリ君　こんなときに何してるの。昨日の雨で水たまりができているから、ここにいると靴が汚れるし、水が入って来ちゃうよ。あー、美大に行くからいい靴履いてきたのに。雨の日用の二重底になってる靴で来ればよかった ・・・。

アルトちゃん　うるさい。今、考えてるの！　ん？二重底 ・・・？　あ、そうだ！　二重にすればいいんだ。（シンリ君に）あそこにあるちょっと太い枯れ枝をたぬ吉のすぐ下あたりにくるようにしっかり支えておいて。私が引っかかっているところをこっちの棒で外すから。

（アルトちゃんが引っかかっている部分を外すと、たぬ吉は無事シンリ君の支え

る枝に掴まり、よたよたと登ってくる。アルトちゃんはそれを捕まえて抱き上げ、シンリ君とともに学校に戻る。）

　アルトちゃん　（たぬ吉を抱いて歩きながら）例の心理学の本には「創造性」とかって大げさな章があったのに全然ダメね。

　シンリ君　ごめん。

　アルトちゃん　いいよ。

　シンリ君　何が？

　アルトちゃん　説明モードに入るんでしょ？

　天の声

　デザインにせよアートにせよ制作活動は、創造的な活動とされている。作品制作は、定型的な作業と異なり、自由度が大きく、制作者個人の裁量や工夫が作品に直接反映される。そして優れたデザインや芸術作品に出会うと、創造性がある／クリエイティブだと感じる。しかし、ここで言われる創造性とはどのようなものなのだろうか。

（シンリ君、靴下までびしょびしょで嫌だなと思いながら説明モードに入る。）

1　一般的な心理学において創造性とは何か？

　創造性（creativity）というものをどう定義するかについてはさまざまな議論があり、未だ明確には定まっていない。しかし、心理学では一般に、新規性と有用性（Mumford, 2003）が創造性の高さの指標として用いられることが多い。この定義は、有用であってもすでにあるものは創造性が高いとは言えず、新規性があっても有用でないものは創造的なものとは言えないということを意味している。

　この創造性を考える際には、いろいろなレベルの創造性を射程に入れる必要がある（Kozbelt et al., 2010）。もし画期的な大発明や作品のみを創造的なものと言うのであれば（Big-C）、創造性というのはかなり限られたものにしか当てはまらないことになる。しかし、歴史的な傑作とは言えなくても他の人が感心する作品や製品を次々に生み出す人は存在するし（Pro-c）、日常生活の

ちょっとした場面、たとえば料理の味つけや雑貨の収納方法一つとっても、新規性と有用性のある工夫ができる人もいる（little-c）。また、プロアマ問わず、一般的に見て新発見というわけではなくても、個人の中で新しい解決方法に気づくこともある（mini-c）。これらも、それぞれ創造的な行為であると言うことができるだろう。

このような創造性について研究するためには、その定義に基づいた測定がなされる必要があるが、心理学において創造性は、「拡散的思考」の質と量で測定されることが多い。拡散的思考とは、収束的思考とともに、問題の解決方法やアイデアを生み出すときに行われているとされる思考の一つで、収束的思考が、複数のアイデアを整理し、まとめようとするのに対し、拡散的思考は、できるだけ多様なアイデアを生成しようとする（ただしイギリスのDesign Councilがダブルダイヤモンド[注1]という言葉で定義するようにイノベーションには両者が必要である）。

この拡散的思考を中心とした創造性を測定する方法としては、専門家による評定（たとえばCAT; Amabile, 1982）や社会的評価を用いた測定（Moles, 1968）に加え、さまざまなテストが開発されている。たとえば、GAU（Guilford's alternate uses；Guilford, 1967）というテストでは、「はさみ」等の日用品について、できるだけ多くの通常以外の使い方を考えるよう求め、得られた回答のアイデアの数、多様性（類型化したときのアイデアの種類数）、独創性（他の人があまり出さないアイデア数）、入念さ（細かく設定できているか）によって評価する。

また、同じくこのGAUの考えに基づいて制作されたTTCT（Torrrance Tests of Creative Thinking; Torrance, 1966, 1990）と呼ばれるテストでは、言語に関して7つ、図形に関して3つの問題について解答することを求め、そのアイデアの数、独創性、入念さに加え、思考の粘り強さ、回答につけたタイトルの抽象性によってその創造性が評価される。TTCTとGAUとの評価項目の違いは、GAU発表後の研究の蓄積や創造性についての考え方の変化を反映している。また、近年の研究では、従来のように認知的な柔軟性だけではなく、認知的な粘り強さや、思いついたアイデアに少しこだわってそのさまざまな可能性を継続的に探ることも創造性にとって必要であることが指摘されている（Baas et al., 2008；Roskes et al., 2012）。

GAUやTTCTといった評価方法は非常に多く用いられ、その評定値は検査

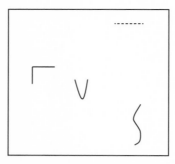

図11-1　TCP-DPイメージ
https://www.researchgate.net/figure/TCT-DP-with-14-Criteria-of-Scoring_fig1_311455173
をもとに一部改変

者間である程度高い一致が見られることが知られているが、検査者が評価を行う必要があり、その評価に依存するところがあるので、より客観的に測定しようという試みもある。その一つである遠隔連想テストという方法では、創造性が低くなる状態を一つの発想に固着して他の見方ができなくなる状態と捉えることで、創造性を計測しようとする（Mednick, 1962）。このテストは、具体的には、たとえば「化」「磁」「岩」のように3つの漢字（原版では単語）を提示して、この後ろに共通した漢字を一字足して熟語にするように求め（寺井ほか，2013）、その正答率や回答時間に基づいて、創造性の測定を行う。

　遠隔連想テストも含めこれまでに紹介した方法は、拡散的思考の量と質に注目したものである。TTCTのテストの結果は50年後の個人的な創造的活動の実績をある程度予測するという研究や（Runco et al., 2010, Lemons, 2011）、テストの結果は実際の作品の創造性をある程度（r=.28）予測するという研究（石黒ほか, 2019）もあるが、一般の実社会における創造性を予測していないという批判は常になされている。そこで、より実際場面に近い測定を行うテストもある。たとえば、美術デザイン能力に関するテストでは、すでに枠の中に線がいくつか描かれた用紙（図11-1）を提示し、そこにさらに線を加えて絵を完成させるように求め、その絵の特徴をいくつかの基準（新しい要素があるか、ユーモアがあるか、遠近法を使っているかなど）に基づいて評価する方法などが開発されており（TCT-DP：Urban et al., 1996）、このテストの得点と教師によるその個人の創造性の評価との間には高い相関関係があることが報告されている[注2]。

2 創造のプロセスと創造性に影響すると考えられている要因

創造的な問題解決時の思考過程は、準備期、あたため期、ひらめき期、検証期の4つの段階で説明されるのが一般的である（Wallas, 1926）。

準備期に、人は、解決すべき問題の条件を精査したうえで、たとえばスケッチを繰り返すことで、いろいろなアイデアを試して問題を整理しながら思考を深めていく。その際には、頭に浮かぶままに発想を広げて使えそうな手立てを増やしたり、すでにあるアイデアを組み合わせたり、変形したり、類似した状況において有効であった方法を当てはめて、ここでも利用できないか考えてみたりということを繰り返す。

重要なのは、次のあたため期である。これは発想を先延ばしにしている期間であるが、この間にも、これまでの精査の結果やアイデアが満たすべき条件などが整理・記憶され（Patalano et al., 1997）、意識されないうちに思考が進んでいる。そして、意識的に解決しようと思考しているときよりもこのあたため期に望ましい発想が生まれることがあると考えられている（無意識的思考理論：Dijksterhuis et al., 2006）。

これによると、意識的な思考には認知容量の限界があるために、知識やルール、事象の一側面ばかりに思考がとらわれがちであり、一部の特徴に過剰に重きを置いた判断をしてしまいがちであるが、無意識下での思考では認知容量がほとんど無制限なので、そのような制約が緩和され、柔軟な発想が生まれやすくなると考えられている（Dijksterhuis et al., 2006）。

そのため、このあたため期には熟考を続けるよりも、別の課題を行ったほうが、多様なアイデアが生まれやすいこともある（Strick et al., 2011）。先ほどのGAUなど拡散的思考を測定するテストでも、戸外を歩いたとき、あるいは室内であっても座っているときよりも歩いた後のほうが、得点が向上するという報告がなされている（Oppezzo et al., 2014）。また、少し乱雑とした場所や（Vohs et al., 2013）、少し騒々しい場所（騒音のない場所や騒音が85dbと大きな場所より、70dbや75dbくらいの場所）のほうが（Mehta et al., 2012）、さらには、ネガティブな気分よりポジティブな気分のほうが（Vosburg, 2010）創造性テストの得点が高くなることが報告されている。このような現象が起こる理由として、適度に集中が妨げられることで、思考が一部にとらわれず、広く活

性化されるために、結果的に拡散的思考が促進されているからだと考えられている。

　このように、一度課題との直面を避けることが創造的な発想に結びつく理由は、デフォルトモード・ネットワークと呼ばれる脳内のネットワーク（神経網）と関係づけられて説明されることがある。デフォルトモード・ネットワークとは、人がぼんやりしているときに活性化する脳内の広範囲にわたるネットワークであり、過去の記憶を何とはなしに思い出したり、どんなことが起こりそうか想像したり、他の人がどう考えるか推測したり、空想（マインドワンダリング：コラム参照）したりする活動と結びつけられている（Andrews-Hanna et al., 2014）。また、デフォルトモード・ネットワークは絵画を見て美的感情を感じているときにも活性化していることや（Vessel et al., 2012）、パーソナリティの「経験への開放性」（6章）との関係も指摘されている（Beaty et al., 2018）。これらのことは、十分考えてもうまくいかないときには、集中して考えることから少し離れ、いろいろな刺激に接することが有効であることを示唆している。

　最終的に、適切な解決策が発見されたと感じた場合には、「アハ体験」と呼ばれる強い感情が生じる。これがひらめき期であり、その後、その解決策が問題の解決に実際に至るかを検証する検証期を経て、創造的な問題解決過程は終了すると考えられている。

　　アルトちゃん　問題解決と言われるとピンと来なかったけど、歩くとすごくいいことを思いつくのって、わかるなあ、哲学者も、めっちゃ歩く人いるよね。誰だったかな、ドイツにも、哲学者が毎日散歩していたことにちなんで名前がつけられた道があったよね。

　ところで、これまでの話でわかるように、創造的な問題解決において重要な鍵になるものの一つが、いつの間にか自分のなかで課している、思い込み、制

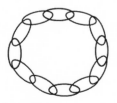

図11-2　安いネックレス課題

約の解除である。つまり、創造的な問題解決に求められるのは、常識的で順序だった計算で導かれる解ではなく、常識の制約を取り払ったアイデアの生成であると考えられている。たとえば、図11-2は「安いネックレス課題」と呼ばれる問題である（Silveira, 1971）。この問題では、4本の鎖（それぞれ3つの輪がつながっている）を全部つないで一つのネックレスにすることが求められる。その際、お金は15セントしか使うことはできず、1個の輪を開くのに2セント、閉じるのに3セントかかることが教示される。

　このような問題を解くのに必要なのが、人が無意識のうちに課している制約を解除して、普段は抑制しているものを思考の俎上に上げて検討することである（Carson, 2011; 阿部, 2019）。また、この目的を達成するためには他者や他の外的リソースの力を借りて、新しい考えを取り入れることも有効である。図11-2の課題の場合は、それぞれの鎖の端を一つずつ開くという方法にとらわれるのではなく、一本の鎖の3つの輪をすべて開いて、その3つを接着剤のように使って、他の三本の鎖をつないでいくことが求められる。

　このことはつまり、創造的に思考するには、一つの見方に縛られずに、かつ粘り強く考えることが必要であるということを意味している。これは、創造的な人とは、独立していて、自律的で、アイデアのたくわえが多く、自信があり、自分を抑え込もうとしない傾向をもった人であり（Eysenck, 1997）、リスクや曖昧さや衝突を恐れない人（Feldman, 1999）であるという、これまでの研究とも一致するだろう。

　以上、これまで話してきたことは、一般的な創造的問題解決の場面を想定したものだが、美術やデザインにおける作品の構想に関する研究もある。この中には、描き出しまでに構想を練る時間の長さが長いほど、最終的な作品の評価が高くなるという研究（Getzels et al., 1976）や、デザイナーのスケッチの初期や途中段階の出来で最終的な作品の評価が予測できるという研究（Jaarsveld et al., 2005）など、初期の構想を入念に行うことの重要さが指摘されている。

3　描くという思考手段による創造性

　創造性については、たとえば領域固有のレベル（プロダクトデザインが得意）や、その中での専門レベル（たとえば車のプロダクトデザインが得意）といった、細かいレベルに関してだけの創造性もあれば、ある程度広い領域レベ

ル（たとえば絵画が得意な人は、彫刻はもちろん、プロダクトデザインについても一般の人に比べればうまくできることが多い）の創造性があり、さらに言えば、前提的なレベルでの創造性（知性や動機づけが高い人は、美術でも科学でもある程度は創造性が発揮しやすいなど）を想定することができる（カウフマン（Kaufman et al., 2004）のアミューズメントパーク理論モデル）。美術大学でデザインを学んだ人がファインアートの世界で優れた作品を発表したり、その逆があったりというのは、このような汎用的な能力が獲得されているからだと考えられる。

　そして、この美術制作の能力を測定する方法としては、芸術に関する制作の得意さを直接尋ねる質問紙（Kaufman, 2012）や、心の中のイメージの鮮明さに関する質問紙（頭でイメージしたものが各問いの特徴を有しているかを Yes ／ No で答える VES; Slee, 1976。このほか、VVIT；Campos, 1998）が開発されており、美術教育がこれらの向上に影響することが指摘されている（Pérez-Fabello et al.,2007）。

　しかし、これまでの話を聞いて、「美術や芸術は創造的な活動と言われるのに、心理学で言う創造性は、制作活動でやっている営為とはかなり違う」と感じる人もいるかもしれない。制作活動は、突飛なアイデアを狙っているわけではなく、表現と向き合っているなかで自然と出てきたものを育てたものだという意見もある（藤井ほか, 2010）。実際、視覚芸術の創造性については、一般的な意味での創造性とは別の基準を設けるべきだという主張もあり、視覚芸術の創造性に関する言説を分析した研究（Ulger, 2020）は、美意識（これは外的な基準に基づく「有用性」ではなく、内的な基準に基づく有効性だという）、技術力、想像力、（アイデアに価値を加える）精緻性、開放性の維持、アイデア生成の5つを視覚芸術における創造性の基準としてあげ、これらを高めるうえで絵を描くことが重要だと指摘している。

　また、前（10章）に話したように、この絵を描くという活動は、言葉と同様、思考を外在化する手段でもある。人は思考を外在化することで、その思考を客観的に見つめることができる。デザイナーがスケッチしているところを録画し、行っている行為について逐一声に出して説明してもらった研究（Suwa et al., 1998）によれば、デザイナーのスケッチ行為は、①物理的、②知覚的、③機能的、④コンセプト的、の4つのカテゴリーに分類できるという。①は、紙に描き込んだり、すでに書き込まれたものを見たり、他の身体動作をしたりといった物

理的行為であり、②は、その物理的行為でなされた結果について、各視覚的要素に注目したり、要素間の関係に注目したり、それらを頭の中で構成したりを行う知覚的行為である。③は、その視覚的なものが人にどのような影響を与えるか、そしてデザインされたものが実際の環境にどう収まるかを検討する機能的行為であり、④は、これまでの行為を振り返って、望ましい効果が得られたかを評価するコンセプト的行為である（好きか嫌いかや、美しいか醜いかなど）。これらはぐるぐると繰り返し行われ、描いてみて感じとり、自らの描いた線について多方面から評価するなかでその効果を発見し、それに基づいてアイデアを修正して、新たな物理的行為へとつながっていくと考えられている。これらの行為は岡田ら（2007）の言う「ずらし」（既存のものの一部をずらすことで新しいものを作り出す）にも通ずるものがあろう。

　つまり、デザイナーの描く行為は、頭の中のものを単に表現するだけではなく、描くことで考えを進めていると言うこともできるだろう。これは、デザイナーに限らず、すべての制作者に共通することである。

　ある評論家は、アートとは、さまざまな方法を使って、知覚の自動性を奪う行為、すなわち何も考えずに何かが見えたというところで思考停止してしまわないようにする行為であると指摘している（Shklovsky, 1917/2002）。人間の認知は、認識したものを即座にいくつもの馴染みのある枠組みで回収し、わかったつもり、見えたつもり、理解したつもりになってしまう。これだとすでにある世界の捉え方を超えることはできないので、制作者もデザイナーも描くことを通して、それを乗り越え、自分にとって意味のある見え方を探しているのだと言えるかもしれない。そして、それを繰り返すなかで、自分なりの有意味な描き方を発見し、それを育てることで、結果的に独創的な表現にたどり着くのだと考えられる。

　このような思考手段としての書く行為に注目して創造性を捉えるために、荒川ら（2020）[注3] は、ファイン（絵画や彫刻など）とデザインの両方の専攻を含む美大生を対象にした調査に基づいて、美大型創造性尺度を開発している（表11-1）。この研究では、さまざまな角度で目の前の現象を結びつける多元連想因子、自分のアイデアに形を与えることのできる制作創造因子、そして、プロトタイプが完成したときにどのような印象を与えるかを想像する完成想像因子の3つの因子が抽出された。これは一つの試みにすぎないが、今後は、拡散的思考という意味での「創造性」ではなく、表現の可能性に気づき、それを育て

表11-1　美大型の創造性尺度の因子分析結果（荒川ほか, 2020）

多元連想因子
• 世の中の平均的な人に比べて、目の前の現象についてさまざまな見方・考え方を思いつくことができる。 • 世の中の平均的な人に比べて、目の前の現象についてさまざまな知識や経験を結びつけて考えることができる。 • 世の中の平均的な人に比べて、多くの人が当然だと思っていることに疑問をもったり、違う見方をすることができる。 • 世の中の平均的な人に比べて、目の前の現象についてある考え方が浮かんでも、それを脇において、それ以外の考え方を探すことができる。

制作創造因子
• 世の中の平均的な人と比べて、思いついたアイデアを高いクオリティで視覚的プロトタイプとして他者に伝えることができる。 • 世の中の平均的な人と比べて、自分が作ったプロトタイプを分析してその特徴を捉えることができる。

完成想像因子
• アイデアをいくつか考えたときに、世の中の平均的な人と比べて、それぞれの案が実現したときの自分や他者の感情を想像することができる。 • アイデアをいくつか考えたときに、世の中の平均的な人と比べて、それぞれの考え方を深く比較・分析することができる。

るという意味での創造性についても検討する必要があるだろう。

　　（たぬ吉を抱いて校門にたどり着くとと、そこにはいつもは昼頃には帰ってしまう清掃担当の八木さんがいる。八木さんも「ポラキチ」を探していたらしい。）

　八木さん　あら、ポラキチ。3人とも泥だらけになって。まあ朝には戻ってくるだろうとは思っていたんだけど、大変だったみたいね。
　アルトちゃん　まあ、なかなかの災難でしたぁ。
　シンリ君　トラウマティックな出来事にあうと、そのことをいつも思い出してしまうし（侵入症状）、神経が高ぶって（過覚醒）、その出来事と結びついた場所や人を避けるようになったり（回避症状）するからね。
　アルトちゃん　へえ、もう学校は安全なのに。
　シンリ君　そうそう。生死に関わる危険な場所や人を学習して避ける上で、短期的に恐怖を感じることは正常だし重要なんだけど、安全が確認されてもその苦痛が不適切なまで続いてしまうと、急性ストレス障害（ASD）や心的外傷

後ストレス障害（PTSD）と言われるような障害になってしまうこともあるんだよ。まあ、たぬ吉は大丈夫だと思うよ。

　（たぬ吉は、八木さんにちゃっかり特別なとき用のキャットフードをもらって食べた後、何事もなかったように、全身を丁寧に舐めて毛繕いしている。それを見て、アルトちゃんとシンリ君も帰途に着く。）

コラム　マインドフルネスと創造性

　有名企業や著名人による「マインドフルネス瞑想」の実践例を耳にすることはもはや珍しくなくなったが、その効果の一つとして謳われるのが創造性（クリエイティビティ）の向上である。しかし、マインドフルネス瞑想の実践によって創造性が失われたとする失敗事例が、ウェブメディアで紹介されることもある。実際のところ、マインドフルネスは創造性にどのような影響を及ぼすのだろうか？

　仏教瞑想をストレス低減法として臨床応用する道を拓いたジョン・カバット‐ジン（Jon Kabat-Zinn）は、マインドフルネスを「意図的に今この瞬間に判断せずに注意を向けること」と定義した。この態度を養う技法がマインドフルネス瞑想である。マインドフルネスは5〜6の構成要素に分析でき、このうち創造性と関係づけられているのは「いま取り組んでいる活動に気づきを向けている（being aware）状態」である Acting with Awareness と、「そこにあるさまざまな対象につぶさに気づく（noticing）スキル」である Observing である。また、創造性についても拡散的思考（アイデアをたくさん産出する能力）と収束的思考（唯一の答えに速く論理的に到達する能力）の二側面で捉えることができる。バースら（Baas et al., 2014）やゼデリウスら（Zedelius et al., 2015）は、Observing が拡散的思考に寄与し、Acting with Awareness は収束的思考と関連する一方で拡散的思考を妨げうることを報告している。このように、構成要素ごとに見ると、マインドフルネスと創造性の関係は一様ではない。

　では、創造性を高めるのはどのような瞑想実践なのだろうか？　瞑想には集中（Focused-Attention）瞑想と観察（Open-Monitoring）瞑想の2種類がある。観察瞑想は洞察（Insight）瞑想とも呼ばれるため、創造的なひらめきとの結びつきをイメージする人も多いであろう。集中瞑想は、呼吸などの特

定の対象への注意集中を維持する方法で、他のものに"気が逸れたら"それに速やかに気づいて注意を元に戻すスキルを養う。観察瞑想は、瞬間瞬間に立ち現れては消えていく感覚や思考があることに細やかに気づいてその流れをただ観察することで、何か一つの対象にとらわれない態度を養う。先の構成要素に照会すると、集中瞑想は Acting with Awareness、観察瞑想は Observing をそれぞれ中核とする。特定のものにとらわれないようにさまざまな対象を捉えていく観察瞑想の訓練が、思考の転換や柔軟なアイデアの生成に寄与することはイメージしやすい。

　一方で先述の知見からは、集中瞑想により収束的思考は高まるものの、拡散的思考は妨害されることが示唆される。あるいは、集中瞑想単独の訓練は拡散的・収束的思考のいずれにも影響しないという報告もある（Colzato et al., 2012）。ここで重要なのが、マインドフルネス・プログラムはまず「特定の対象に注意を切り替える」スキルを集中瞑想で養い、それを基盤として「さまざまな対象への注意を切り替えていく」スキルを観察瞑想で養う、というように、双方の組み合わせで構成されるという点である。マインドフルネス瞑想の実践による創造性全般の向上には、この両輪のバランスが不可欠と言えるだろう。つまり、集中瞑想は思考が脇道に逸れるのを防いで筋道立った問題解決を助けるが、そこから拡散的な発想（気づき、洞察）につなげるためには観察瞑想へ移行する必要があるのである。

　瞑想と創造性に関してもう一つ考えたいのが、マインドワンダリングである。これは目の前の課題や出来事から気が逸れてぼんやりと思考が彷徨っている（wandering）状態を指す。マインドワンダリングは課題遂行の妨害や幸福感の低下につながるといったネガティブな側面が知られているが、こと創造性に関しては、マインドワンダリングがその後の拡散的思考を促進する（孵化効果）という有益性が報告されてきた（たとえば、Baird et al., 2012）。集中瞑想はこのマインドワンダリングを抑制するため、その単独の訓練がメンタルヘルス改善の一方で創造性を失わせてしまう、と説明できる。ただし、マインドワンダリングが多いほど拡散的思考が直線的に上昇するわけではなく、"ほどほど"レベルのマインドワンダリングが拡散的な創造課題の成績を最も高めることが示唆されている（山岡ほか，2016）。高い創造性とは、マインドワンダリングで発想を広げつつも Acting with Awareness によって要所要所で"いまここ"の視点に立ち戻り、Observing によってその内容をつぶ

さに観察して明瞭なイメージを取り出すプロセスを含むのかもしれない。

[石川遥至・牟田季純]

【注】

[1] ダブルダイヤモンドとは、デザインプロセスにおいて問題を解決に至らせるには図11-3のような段階が必要、という考え方である。これは、2つの拡散的思考と収束的思考のペアからなり、最初の「発見」の段階では、関係者との話し合いを通して、問題の切り口を多面的に把握し（拡散的思考）、次の「定義」の段階では、それに基づいてこれまでとは違う切り口で問題を定義する（収束的思考）。その新しい切り口で定義された問題について、「発展」の段階でさまざまな人たちとさまざまな解決策案を広く探り（拡散的思考）、最後の「提供」では、それぞれの解決策案を吟味して最善のものを提供する（収束的思考）。

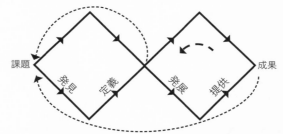

図11-3　イギリスのデザインカウンシルの提唱するダブルダイヤモンド
https://www.designcouncil.org.uk/news-opinion/what-framework-innovation-design-councils-evolved-double-diamond をもとに作成

[2] プロダクトに特化した創造性テストもある。CPAM（Creative Product Analysis Model：Besemer et al., 1999）は、製品の新規性（オリジナリティがあるか、驚きがあるか）、解決力（価値があるか、筋が通っているか、有用か、わかりやすいか）、統合性と精緻性（よくまとまっているか、精巧に作られているか、エレガントか）で製品の創造性を評価する。
[3] この研究に際して、武蔵野美術大学共同研究助成の援助を受けた。

【引用文献】

阿部慶賀 (2019)『創造性はどこからくるか：潜在処理、外的資源、身体性から考える』共立出版.

Amabile, T. M. (1982) Social psychology of creativity: A consensual assessment technique. *Journal of Personality and Social Psychology, 43*, 997-1013.

Andrews-Hanna, J. R., Smallwood, J., & Spreng, R. N. (2014) The default network and self-generated thought: Component processes, dynamic control, and clinical relevance. *Annals of the New York Academy of Sciences, 1316*(1), 29-52.

荒川歩・井口博美 (2020)「美大型の創造性尺度の開発」『第15回日本感性工学会春季大会予稿集』3A-01.

Baas, M., De Dreu, C. K., & Nijstad, B. A. (2008) A meta-analysis of 25 years of mood-creativity research: Hedonic tone, activation, or regulatory focus?. *Psychological Bulletin, 134*(6), 779-806.

Baas, M., Nevicka, B., Ten Velden, F. S. (2014) Specific mindfulness skills differentially predict creative performance. *Personality and Social Psychology Bulletin, 40,* 1092-1106.

Baird, B., Smallwood, J., Mrazek, M. D., Kam, J. W., Franklin, M. S., & Schooler, J. W. (2012) Inspired by distraction: mind wandering facilitates creative incubation. *Psychological Science, 23*(10), 1117-1122.

Beaty, R. E., Chen, Q., Christensen, A. P., Qiu, J., Silvia, P. J., & Schacter, D. L. (2018) Brain networks of the imaginative mind: Dynamic functional connectivity of default and cognitive control networks relates to openness to experience. *Human Brain Mapping, 39*(2), 811-821.

Besemer, S. P., & O' Quin, K. (1999) Confirming the three-factor creative product analysis matrix model in an American sample. *Creativity Research Journal, 12*(4), 287-296.

Campos, A. (1998) A measure of visual imaging capacity: A preliminary study. *Perceptual and Motor Skills, 87*(3), 1012-1014.

Carson, S. H. (2011) Creativity and psychopathology: A shared vulnerability model. *The Canadian Journal of Psychiatry, 56*(3), 144-153.

Colzato, L. S., Ozturk, A., & Hommel, B. (2012) Meditate to create: The impact of focused-attention and open-monitoring training on convergent and divergent thinking. *Frontiers in Psychology, 3,* 116.

Dijksterhuis, A., Bos, M. W., Nordgren, L. F., & Van Baaren, R. B. (2006) On making the right choice: The deliberation-without-attention effect. *Science, 311*(5763), 1005-1007.

Eysenck, H. J. (1997) Creativity and personality. In M. Runco (Ed.) *The creativity research handbook* (pp.41-66). Cresskill NJ: Hampton Press.

Feldman, D. H. (1999) The development of creativity. In R, J. Steinberg (Ed.), *Handbook of creativity* (pp.168-188). Cambridge University Press.

藤井晴行・中島秀之 (2010)「デザインという行為のデザイン」『認知科学』*17*(3)， pp.403-416.

Getzels, J. W., & Csikszentmihalyi, M. (1976) Concern for discovery in the creative process. *The Creativity Question,* 161-165.

Guilford, J. P. (1967) *The nature of human intelligence.* New York, NY: McGraw-Hill.

石黒千晶・高岸治人・佐藤由紀・加藤悦子・髙橋愛・阿部祐子・岡田浩之 (2019)「創造的思考と創造的実績の関係」『日本認知科学会第36回大会発表論文集』290-292.

Jaarsveld, S., & van Leeuwen, C. (2005) Sketches from a design process: Creative cognition inferred from intermediate products. *Cognitive Science, 29*(1), 79-101.

Kaufman, J. C. (2012) Counting the muses: Development of the Kaufman domains of creativity scale (K-DOCS) *Psychology of Aesthetics, Creativity, and the Arts, 6*(4), 298-308.

Kaufman, J. C., & Baer, J. (2004) The amusement park theoretical (APT) model of creativity. *The International Journal of Creativity & Problem Solving, 14*(2), 15-25.

Kozbelt, A., Beghetto, R, A. & Runco, M. A. (2010) Theories of creativity. In J. C. Kaufman, & R. J. Sternberg (Eds.), *The Cambridge handbook of creativity* (pp.20-47). Cambridge University Press.

Lemons, G. (2011) Diverse perspectives of creativity testing: Controversial issues when used for inclusion into gifted programs. *Journal for the Education of the Gifted, 34*(5), 742-772.

Mednick, S. A. (1962) The associative basis of the creative process. *Psychological Review, 69,* 220-232.

Mehta, R., Zhu, R., & Cheema, A. (2012) Is noise always bad? Exploring the effects of ambient noise on creative cognition. *Journal of Consumer Research, 39*(4), 784-799.

Moles, A. (1968) Information theory and esthetic perception (J. E. Cohen, Trans.). Urbana, IL: University of Illinois Press. (Original work published 1958)

Mumford, M. D. (2003) Where have we been, where are we going? Taking stock in creativity research. *Creativity Research Journal, 15*(2-3), 107-120.

岡田猛・横地早和子・難波久美子・石橋健太郎・植田一博 (2007)「現代美術の創作における『ずらし』のプロセスと創作ビジョン」」『認知科学』 *14*(3), 303-321.

Oppezzo, M., & Schwartz, D. L. (2014) Give your ideas some legs: The positive effect of walking on creative thinking. *Journal of Experimental Psychology: Learning, Memory, and Cognition, 40*(4), 1142.

Patalano, A. L., & Seifert, C. M. (1997) Opportunistic planning: Being reminded of pending goals. *Cognitive Psychology, 34*(1), 1-36.

Pérez-Fabello, M. J., & Campos, A. (2007) Influence of training in artistic skills on mental imaging capacity. *Creativity Research Journal, 19*(2-3), 227-232.

Roskes, M., De Dreu, C. K., & Nijstad, B. A. (2012) Necessity is the mother of invention: Avoidance motivation stimulates creativity through cognitive effort. *Journal of Personality and Social Psychology, 103*(2), 242-256.

Runco, M. A., Millar, G., Acar, S., & Cramond, B. (2010) Torrance tests of creative thinking as predictors of personal and public achievement: A fifty-year followup. *Creativity Research Journal, 22*(4), 361-368.

Shklovsky, V. (1917/2002) From 'art as technique'. In C. Harrison & P. Wood (Eds.), *Art in theory 1900-2000: An anthology of changing ideas* (pp.277-281), Cornwall: Wiley-Blackwell.

Silveira, J. M. (1971) Incubation: The effect of interruption timing and length on problem solution and quality of problem processing. Unpublished doctoral dissertation, University of Oregon.

Slee, J. A. (1976) The perceptual nature of visual imagery. Unpublished doctoral dissertation, Australian National University of Canberra. https://openresearch-repository.anu.edu.au/bitstream/1885/10217/2/02Whole_Slee.pdf

Strick, M., Dijksterhuis, A., Bos, M. W., Sjoerdsma, A., Van Baaren, R. B., & Nordgren, L. F. (2011) A meta-analysis on unconscious thought effects. *Social Cognition, 29*(6), 738-762.

Suwa, M., Purcell, T., & Gero, J. (1998) Macroscopic analysis of design processes based on a scheme for coding designers' cognitive actions. *Design studies, 19*(4), 455-483.

寺井仁・三輪和久・浅見和亮 (2013)「日本語版 Remote Associates Test の作成と評価」『心理学研究』 *84*(4), 419-428.

Torrance, E. P. (1966) *The Torrance tests of creative thinking-norms-technical manual research edition-verbal tests, Forms A and B-Figural Tests, Forms A and B.* Princeton, NJ: Personnel Press.

Torrance, E. P. (1990) *The Torrance tests of creative thinking norms-technical manual figural (streamlined) forms A & B.* Bensenville, IL: Scholastic Testing Service.

Ulger, K. (2020) A review of the criteria of the prediction of students' creative skills in the visual arts education. *Creativity Studies, 13*(2), 510-531.

Urban, K. K., & Jellen, H. G. (1996) *Manual of Test for Creative Thinking-Drawing Production (TCT-DP).* Amesterdam: Harcourt.

Vessel, E. A., Starr, G. G., & Rubin, N. (2012) The brain on art: Intense aesthetic experience activates the default mode network. *Frontiers in Human Neuroscience, 6*, 66.

Vohs, K. D., Redden, J. P., & Rahinel, R. (2013) Physical order produces healthy choices, generosity, and conventionality, whereas disorder produces creativity. *Psychological Science, 24*(9), 1860-1867.

Vosburg, S. K. (1998) The effects of positive and negative mood on divergent-thinking performance. *Creativity Research Journal, 11*(2), 165-172.

Wallas, G. (1926) *The art of thought.* J. Cape: London.

山岡明奈・湯川進太郎 (2016)「マインドワンダリングが創造的な問題解決を増進する」『心理学研究』*87*, 506-512.

Zedelius, C. M., & Schooler, J. W. (2015) Mind wandering "Ahas" versus mindful reasoning: Alternative routes to creative solutions. *Frontiers in psychology, 6*, 834.

エピローグ ── 同じ月を見ている

アルトちゃんへ

　先週は本当にありがとう。美大を見ることができてとても楽しかった。そしてアルトちゃんが相変わらずで、昔の大変さを思い出したり、ほっとしたり…。アルトちゃんと久しぶりに話して、僕なりに改めていくつかのことがわかったし、改めて迷ったこともあった。

　改めてわかったのは、言葉にした瞬間に大事なものは抜け落ちちゃうから（言語隠蔽効果って言うんだけど）、作家は言葉にならないものを表現するために制作を続けているということ、それに、それぞれの世界を大事にしていること。なんでそんな世界を見ているのか、がぜん興味がわいたし、そのメカニズムについてますます研究したいと思っちゃった。

　迷ったことは、造形を心理学の立場から研究することの意味って何かということ。今の心理学は制作者が主観的に見ている世界を取り込めていないんじゃないかということ。でもここは心理学の伸びしろだけどどういうふうにすればいいかということ。たしかに、自分のやっていることを外側から解説されたら、誰だって、うーん違うんだけどなと思うよね。それでも、概念にしたり測定したりする意味って何だろうって。

　それで帰り道に思ったのは、この概念を作る意味は、作ることができる人と、作る人が理解できないことをつなぐためってこと。「デザイン思考」とか「アート思考」とか、そんなことではないよ。残念ながら、制作者がいくら作品から直接見てとってくれと言っても、やっぱり作品との関わりの少ない人は楽しみ方がわからないんだ。アルトちゃんなら「それなら見なければいい」って言うかもしれないけど、やっぱりそれはもったいない。だから、ディテールはないにせよ、まずは手がかりになるんじゃないかと思う。

　でも、たしかに、制作について、外部の人があれこれ分析することは、アレルって人が言っていたみたいに（Arrell, 1997）、制作者にとっては、不快で有害でしかないかもしれない…。それでもあえて言えば、制作する人って、そ

の世界をどんどん進んでいった人で、たぶんもう、「絵をどう見たらいいかわからない人」の気持ちなんてわからなくなっているんじゃないかな。だから、お互いを理解する手がかりを見つけ出せたらと思うし「こうかな」と言って「いや、ちがう、こうだ」というのを繰り返すなかで、「これは言葉にならない。だから仕方ない」ではない、お互いを理解する手がかりが見つけ出せたらと思う。言葉にするメリットは、伝えたり、他の場面に活かせたり、組み合わせたりできることだと思うから。

　アルトちゃんと話していると、否定されてばかりで、気が滅入るけど、それだけ真剣に向き合ってくれていると思って感謝しているよ。僕が見ているのとは違う見方で世界を見ているってよくわかった。僕もまた勉強してくる。また1年に一度くらいは付き合ってね。それまで元気で！

　そうそう、例の心理学の本、たぬ吉を助けるときに、川に落としちゃったみたい。

シンリ

シンリ君へ

　返事が遅れてごめん。でも驚いた、君がわざわざ手紙なんて書いてよこすなんて。

　私は今、あの鯉の池の前のベンチで、これを書いています。横にはさっきまでたぬ吉がいたんだけど、違う日向に行ったみたい。そういやこいつを助ける時に、落としたのってあの本だったのか、まあそのおかげで、たぬ吉はこのとおり元気、というか。のんきにしてるよ。

　この間は私も楽しかったよ。ただ、意地悪なことをたくさん言ってしまった気がする。なんだか自分が感じてることを、ちがうって言われてるみたいに感じて。心理学は、美術を脅かす敵で、話の通じない相手だって思ってた。まあ、私が言ってることをみんな君にわかってもらえたとも、私が君の話をわかったとも思わないんだけど、それでもなんかあれだ、わかるでしょ。

　私もあれから、君の話してたこと考えるよ。ここではチンパンジーの話をし

てたよね。

　ここはモノを作る人間が集まってる小さな世界だ。君が書いていたとおりに、美術に縁のない人に縁がないから、そういう人のことをあまり考えたことなかった。君はここで、そういうバリアを感じてたのかな。でも「気持ちがわからない」ってことはないんだよ。君には話したことなかったっけ。私だって昔から絵がわかったわけではないし、芸術なんて遠い世界の高尚な趣味で、絵を描きはじめてからも、わかんないことは恥ずかしかったし、怖かったときだってあるんだよ。でも今は、芸術って、どこか遠くじゃなくて、もともと自分の中にあるんだって知ってる。今芸術と関係ない人にだってそれがわかったら素敵なんじゃないかって、君が思うのはわかるんだ。でもどうしてなんだろ？やっぱり私は、それをどうこうしたいと思えないみたいだ、そこのところは任せたよ。

　あれからね、君の、心理学の見ようとしてる世界が、少し私の視界の中に混じってしまった感じがしている。私が自分で感じていることをもっと深く感じようとするのと、少し違った目がついちゃって、今まで確かだって疑わなかった世界が、ちょっとゆらゆらするような、変な感覚。説明できないけど。

　それで思ったんだけど、君も私も、ちがったやりかたで、目覚めることについて考えている、たぶん。世界を見ていると思っても本当には見ていないし、目で見えないものも見ているような私たちは、はっきり目覚めてはいない。私たちの探しているものって実は

　あ、やばい、次の授業が始まっちゃう。続きはまた今度ね。

　じゃ、また。

Art

【引用文献】
Arrell, D. (1997) Teaching aesthetics to artists. *American Society for Aesthetics Newsletter, 17.* https://aesthetics-online.org/page/ArrellArtists

おわりに

　造形行為について語るとき、外部目線（etic）な造形心理学と内部目線（emic）な美術の溝は小さくありません。本書はそれをなじませるのではなく、際立たせることで思考の機会を提供しようと努めました。読者の皆さんに造形という行為がいかに生きることと結びついているか、そして、それが今の心理学に新たな可能性を示しているということが伝われば幸いです。

　なお、本書の作成に当たっては、新曜社の塩浦暲社長に大変にお世話になりました。心理学界で多くの重要な作品を手がけて来られた氏に面倒を見ていただいたのは、本当に感激です。ぎりぎりの日程まで粘ったうえにミスの多い著者の文章に細々手を入れていただいたことは、申し訳なく、かつ深く感謝しています。

著者を代表して

荒川　歩

人名索引

事項索引

執筆者紹介

荒川歩（あらかわ　あゆむ）【1-7章、10-11章】
武蔵野美術大学造形構想学部教授。大阪府生まれ、同志社大学大学院文学研究科博士課程修了（博士（心理学））、京都で2年、名古屋で4年勤めたのち、武蔵野美術大学着任。「心理学」「造形心理学」などを担当。
主な著書として『考えるための心理学』（武蔵野美術大学出版局・編著）、『社会と向き合う心理学』（新曜社・分担執筆）、『質的心理学辞典』（新曜社・項目執筆）など。

山本尚樹（やまもと　なおき）【8章、9章、2章コラム2、3章コラム2】
立教大学現代心理学部兼任講師、武蔵野美術大学・多摩美術大学非常勤講師。武蔵野美術大学では「造形心理学Ⅰ」などを担当。広島県生まれ、武蔵野美術大学造形学部視覚伝達デザイン学科卒、東京大学大学院教育学研究科博士課程修了（博士（教育学））。専門は発達心理学。
著書として『個のダイナミクス：運動発達研究の源流と展開』（金子書房・単著）がある。

海野有希（うんの　あき）【10章コラム1、10章コラム2】
帝京大学医学部附属病院臨床心理士・公認心理師、武蔵野美術大学非常勤講師。「現代精神分析学」担当。神奈川県相模湾沿岸にて生まれ育つ。主に東京都内の大学病院、総合病院、クリニック、大学学生相談室などで臨床経験を積んだのち、2012年より現職。
訳書に、『治療作用：精神分析的精神療法の手引き』（E.ジョーンズ著、岩崎学術出版社・分担翻訳）がある。

桂瑠以（かつら　るい）【6章コラム1】
川村学園女子大学文学部心理学科准教授、武蔵野美術大学非常勤講師。「教育心理学」などを担当。神奈川県生まれ、お茶の水女子大学大学院人間文化研究科人間発達科学専攻博士後期課程修了（博士（人文科学））。専門はインターネットの影響、ICT教育など。
主な著書として『考えるための心理学』（武蔵野美術大学出版局・共著）、『新しい教育相談論』（武蔵野美術大学出版局・共著）など。

牟田季純（むた　としずみ）【10章コラム1】
早稲田大学文学学術院総合人文科学研究センター・次席研究員／研究員講師、武蔵野美術大学非常勤講師、「構成演習Ⅰ」担当。立教大学兼任講師。長崎県佐世保市生まれ、早稲田大学第一文学部東洋哲学専修卒、同大学院文学研究科心理学コース博士後期課程単位取得退学（修士（文学））。専門は異常心理学，マインドフルネス。

石川遥至（いしかわ　はるゆき）【10章コラム1】
早稲田大学文化構想学部現代人間論系助教。群馬県生まれ、早稲田大学大学院文学研究科心理学コース修了（博士（文学））。専門は臨床心理学、感情心理学。趣味の「切り絵」に着想を得て、気晴らしの心理的効果に関する研究を行っている。

小山さくら（こやま　さくら）
武蔵野美術大学クリエイティブイノベーション学科助教。アルトちゃん・シンリ君イラストの作画。

関根亮（せきね　りょう）
武蔵野美術大学クリエイティブイノベーション学科助教。図 2-9 画像の加工協力。

吉田優香（よしだ　ゆうか）
武蔵野美術大学造形学部油絵学科卒業生。アルトちゃんの発言執筆。

新曜社 はじめての造形心理学
心理学、アートを訪ねる

初版第 1 刷発行 　2021年 4 月10日

編　者　　荒川　歩

発行者　　塩浦　暲

発行所　　株式会社　新曜社
101 − 0051　東京都千代田区神田神保町 3 − 9
電話 (03)3264−4973 (代)・FAX (03)3239−2958
e-mail : info@shin-yo-sha.co.jp
URL : https://www.shin-yo-sha.co.jp

組　版　　Katzen House

印　刷　　新日本印刷

製　本　　積信堂